Wie Tiere Menschen spiegeln

Die neun Arten des Spiegelns

Mit Lösungsansätzen

Iljana Planke

Copyright: © 2023 Iljana Planke
Alle Rechte vorbehalten

Covergestaltung: Iljana Planke
Titelfoto: Viruschka / Shutterstock

Herstellung und Verlag:
BoD - Books on Demand, Norderstedt

ISBN: 9-783-756-844395

Mögen alle Lebewesen glücklich sein.

INHALTSVERZEICHNIS

I. Die Spiegelmethode

Die Spiegelmethode wird eingesetzt, um die psychologischen, energetischen oder mentalen Ursachen von Problemen zu erkennen und abzubauen.

Sie entwickelte sich aus der klassischen Psychologie heraus und begann sich ungefähr seit den 1980er zu differenzieren. War anfänglich mit „Spiegeln" nur die klassische Projektion gemeint, so benennt das Wort heutzutage mehreres. Der Begriff des „Spiegelns" ist zu einem sogenannten Teekesselchen geworden, da damit Unterschiedliches bezeichnet wird. Das führt leicht dazu, dass man sich deshalb beim Tiertraining, in Gesprächen oder in der Therapie missversteht und aneinander vorbeiredet.

Eine Hundetrainerin meint mit „Spiegeln" vielleicht die Reaktion des Tieres auf unbewusst gegebene Körpersignale der Halterin, der Tierarzt eine familiär-genetische Konstitution, die Tierkommunikatorin die kollektiven Einflüsse der Tierart auf ein Tier, der Pferdecoach die Projektionen vom Reiter auf sein Pferd und die Therapeutin die energetische Ebene.

In den letzten siebzehn Berufsjahren, in denen ich in meiner „Praxis für Tier und Mensch" Hunderte Menschen und ihren Tieren begegnete, lernte ich unterschiedliche Sachverhalte kennen, die als „Spiegeln" bezeichnet wurden.

Dieses Buch möchte eine Übersicht über die neun Arten des Spiegelns geben und praktische Lösungsansätze für jede Art vorstellen, die zum Ausprobieren einladen.

Die Beschreibungen können wie eine Checkliste für sich selbst, aber auch im beruflichen Kontext verwendet werden, um die Ursache eines Problems herauszufinden.

II. Die vier Arten des persönlichen Spiegelns

Die 1. Art des Spiegelns

Ein Tier spiegelt in seinen Reaktionen die Körpersignale, Gedanken und Gefühle Anderer

Bei dieser Art spiegeln sich in den Reaktionen des Tieres die Körpersignale, Gefühle und Gedanken Anderer wider. Diese Art wird auch mit „Widerspiegeln", „Reaktion" oder „Folgeverhalten" bezeichnet. Als „Folgeverhalten" deshalb, weil das Verhalten eines Tieres oder eines Menschen die nachvollziehbare „Folge auf ein Verhalten" eines anderen ist.

Ein typisches Beispiel: Kommt der Halter nach Hause, ist der Hund beim Begrüßen immer fröhlich. Kommt die Halterin von ihrer Arbeit zur Tür herein, dann ist er eher zurückhaltend, obwohl es zwischen beiden die große Liebe ist und sie ihn auch hauptsächlich versorgt. Sie hat aufgrund ihrer Kindheit ein geringes Selbstwertgefühl und ist schnell verunsichert. Das scheint bei ihm in Form von Mikrosignalen anzukommen, weshalb er bei ihrer Begrüßung erst einmal abwartet. Ist sie nach einer Weile in der Wohnung in ihrem Element, wird er aufgeschlossen und kann nicht genug von ihr bekommen.

Tiere können beim Gegenüber allerkleinste Körpersignale erkennen, auf die sie dann entsprechend reagieren. Pferde vermitteln und erkennen innerhalb von Sekundenbruchteilen anderen Pferden unterschiedliche Aussagen. Diese über 170 wissenschaftlich untersuchten möglichen Aussagen setzen sich aus einer Mischung verschiedener Gesichtsausdrücke, Blicke, Lautäußerungen, Ohr-, Kopf-, Hals-, Körper- und Schweifhaltungen, Muskeltonus, Atemfrequenz, Atemgeräusche, Hufscharren, Standorte, Blickrichtungen und Bewegungsrichtungen zusammen. (1) Pferde beobachten nicht nur ihre Artgenossen intensiv, sondern natürlich auch die sie umgebenden Menschen. Beim Gerittenwerden empfangen sie als zusätzliche Informationen unter anderem noch die Nuancen der Gewichtsverlagerung, des Schenkeldrucks, des Zügelziehens und die Stimmungen in der Stimme.

Bei Studien wurden Pferden größere Fotos von Menschen vorge-halten, die entweder einen wütenden oder einen fröhlichen Gesichtsausdruck hatten. Einige Stunden später kam der abgebildete Mensch zum Pferd, diesmal mit einem neutralen Gesichtsausdruck. Die Pferde konnten sich alle daran erinnern, welchen Gesichtsausdruck dieser Mensch vorher gezeigt hatte, denn bei den Menschen mit den vormals wütenden Gesichtsausdrücken auf den Fotos bekamen sie einen erhöhten Blutdruck, scharrten oft nervös mit den Hufen und blickten sie überwiegend mit ihrem linken Auge an. Pferde schauen sich Bedrohungen, Unbekanntes oder Anzeichen von Gefahr vorwiegend mit ihrem linken Auge an und positive Reize eher mit dem rechten Auge. Das hängt mit der Verknüpfung ihrer Augen mit unterschiedlichen Gehirnbereichen zusammen, in denen bestimmte Informationen weiterverarbeitet werden. Personen, von denen sie vorher ein fröhliches Foto gesehen hatten, wurden primär mit dem rechten Auge angeschaut. Bei denen blieben sie außerdem entspannt. (2) Pferde und auch andere Tierarten wie Tintenfische, Schafe und Hunde erinnern sich sehr differenziert und noch lange an die Gesichtsausdrücke ihrer Artgenossen. Das ist für sie wichtig, um im sozialen Miteinander die richtigen Entscheidungen treffen zu können. (3) Deshalb versuchen Tiere auch die Gesichter und die Mikrosignale von Menschen genau zu deuten. (4)

Auch wir bekommen wie die Tiere Stress bei wütend aussehenden Erwachsenen und bleiben entspannt bei fröhlichen. Ein Fazit dieser Studie wäre: Möchte man ein gutes Verhältnis zu Pferden, Schafen, Hunden und Tintenfischen haben, dann sollte man sie anlächeln …

Auch Hunde lesen andere Hunde und uns Menschen anhand körperlicher Mikrosignale bis ins Kleinste aus. So bemerken Hunde nur anhand unserer Körpersignale von den letzten Minuten, dass man beabsichtigt, gleich vom Schreibtisch oder Sofa aufzustehen. (5) Deshalb stellen sie sich dann schon mal erwartungsvoll hin.

Ein Beispiel: Die Unsicherheit meiner neu aus dem Tierheim aufgenommenen Hündin Susi am Morgen spiegelte meine Unsicherheit. Denn ich war am Anfang unsicher, was zu tun war, wenn sie aufwachte und gleich hinauswollte. Das drückte sich auch in meiner Körperhaltung und in meinem Tonfall aus. Die ersten Tage mit ihr waren so abgelaufen: Anziehen und losgehen. Aber dann fragte ich mich, ob das bei ihr nicht dazu führen würde, dass sie am Ende immer schneller rauswollte? Also besser das Hinausgehen hinauszögern und vorher noch etwas in der Küche machen? Meine Rumeierei mit heute so und morgen so verunsicherte Susi. Sie versuchte jeden Morgen herauszubekommen, was heute dran war. Das tat ihr nicht gut. Also lud ich eine erfahrene Hundetrainerin ein, die uns still beobachtete. Sie meinte anschließend, bei Susis Daueraufregung sei es bestimmt hilfreich, wenn durch ein kleines Ritual für sie in den morgendlichen Ablauf Planbarkeit einziehen würde. Durch die nachvollziehbaren Erklärungen der Trainerin verschwand meine Unsicherheit.

Wäre sie sich als Trainerin unsicher gewesen, weil das vielleicht ein seltener Fall war, dann wäre ich am Ende wohl ebenfalls unsicher bezüglich ihres Trainingsplans gewesen. Aber so übertrug die Trainerin ihre Sicherheit, die bei ihr aufgrund vieler Erfahrungen entstanden war, auf mich und ich spiegelte ihr das mit meinem Verstehen zurück. Denn ein Spiegeln erfolgt auch bei positiven Impulsen.

Jetzt war ich klar darin, wie der Morgen aussehen sollte. Nun setzte ich mich mit Susi nach dem Aufstehen noch mal kurz aufs Sofa und ich atmete zwei Minuten ruhig vor mich hin. Auch wenn sie dabei bellend daneben saß. Dann erst die Schuhe an und rausgehen. Ich bemerkte, dass ich morgens eine andere Körperhaltung und Stimme hatte, weil ich voll hinter meinem Tun stand. Die ersten Tage war sie durch das Neue natürlich noch mehr verunsichert, aber nach einer Woche hatte sie den Ablauf begriffen und nach zwei Wochen war sie nicht mehr unsicher, sondern ebenfalls klar und sicher durch den jetzt eindeutigen Ablauf. Jetzt spiegelte ihre Sicherheit meine Sicherheit wider, die ich wiederum dank der Trainerin bekommen hatte.

Tier können außer auf unsere vielen Körper- und Stimmsignale auch auf unsere bewusst oder unbewusst ausgesandten mentalen Bilder und Emotionen eingehen. Die können in manchen Zusammenhängen neben den Körper- und Stimmsignalen sogar die prägnanteren Einflüsse sein.

Eine Halterin schilderte mir folgende Situation: „Mein Hund läuft entspannt mit schleifender Langleine vor mir her, er kann also gar nicht meine Körpersprache sehen oder meine Anspannung über die Leine vermittelt bekommen. Wenn wir uns anderen Hunden nähern, sehe ich schon vor meinem inneren Auge, wie er die Hunde gleich wieder angehen wird. Und was macht er? Er geht auf sie los und zeigt genau dieses Verhalten. Ist das seine eigene Reaktion oder ist das wegen meiner Gedanken?"

Das kann gut möglich sein. Es kann aber auch mit etwas anderem zusammenhängen, beispielsweise mit einer beim Vorbesitzer entstandenen Konditionierung, die der Hund so lange als eine der Situation angemessene Reaktion ausführt, bis eine neue Verhaltensweise beigebracht wurde. Es stimmt, dass innerlich gesagte Gedanken wie: „Er wird wieder auf sie losgehen!" oder mental im Gehirn ablaufende Bilder von einem Tier wahrgenommen werden können. Vor allem, wenn ein umfangreiches innerliches Video mit der „Anleitung für das Zusammenbellen eines anderen Hundes" per Gedankenkraft als Datei zu ihm hingeschickt wird. Wenn solche Gedanken und Bilder dann noch mit einer intensiven Emotion seitens der Halterin oder des Halters aufgebrezelt werden, werden sie aus der Flut von Tausenden menschlichen Gedanken pro Tag vom Gehirn des Tieres als besonders wichtig herausgefiltert. Sollte das Tier der Typ dafür sein, wird es diese mentalen Anweisungen ausführen.

Tiere setzen natürlich nicht alles um, was wir denken, denn sie haben einen eigenen Kopf. Deshalb kann man einem gechillten Tier oder einem störrischen Esel zwanzigmal senden, dass es Tempo machen soll, es wird davon unbeeindruckt sein eigenes Ding durchziehen. Auch ein soziales Tier wird sich nicht von Gedanken und Bildern á la „Du wirst jetzt bestimmt gleich auf den Hund da losgehen" beeinflussen lassen und plötzlich anfangen, umgehend unsozial zu reagieren. Da müsste schon wesentlich mehr passieren ...

Tiere könnten uns Menschen die ganze Zeit zusehen und unsere Körpersignale lesen und uns telepathisch zuhören. Allerdings schränken das drei Punkte ein:

Erstens haben Tiere von Natur aus, genauso wie wir Menschen, im Hirnstamm ein Neuronennetzwerk als Filter für Reize. Das ist das „Aufsteigende retikuläre Aktivierungssystem", das ARAS. „Retikulär" bedeutet „netzartig". In diesem Kontrollzentrum werden:

a) die wichtigen von den unwichtigen Informationen getrennt

b) die als dringend eingestuften Wahrnehmungen zum aktiven Teil des Gehirns geschickt und die anderen erst einmal im Hintergrund abgespeichert

c) Informationen interpretiert und möglichst alles herausgefiltert, was im Widerspruch zu dem steht, was das Individuum normalerweise kennt und braucht, sodass es Entscheidungen schneller und effizienter treffen kann.

Und d) wird das Fassungsvermögen heruntergeschraubt, wenn zu viele Infos gleichzeitig kommen. (6)

So sorgt das ARAS beispielsweise auf dem Hundeplatz dafür, dass die rufende Halterin und die anderen Hunde überhört werden, wenn der Hund völlig auf seinen liebsten Spielgefährten fokussiert ist. Das Gleiche macht auch das menschliche ARAS, wenn es die Kneipengeräusche sowie die Gespräche der anderen ringsherum bei einem intensiven Zweiergespräch ausblendet und man sie nicht mehr wahrnimmt. Auf dem Hundeplatz kann man sich etwas trösten, indem man zu sich selbst sagt, es liegt nicht an einem selbst und nicht daran, dass ein Tier nicht will, sondern einfach nur an seinem gut funktionierenden ARAS. In anderen Situationen wie in der Stadt oder im Wald sieht das natürlich anders aus, da muss ein Rückruf klappen. Für einen gelingenden Rückruf muss das Signal, das man setzt, stärker als das ARAS sein oder es muss im ARAS sofort als sehr wichtiger Reiz herausgefiltert und zur Weiterverarbeitung an das Gehirn geschickt werden. Das kennen wir auch aus unserem Alltag: Ein Kind „träumt" während der Schulstunde vor sich hin und bekommt weder das Gesagte noch das Gesehene wie das Aufschlagen der Hefte ringsherum mit. Im Zug hört man nicht mehr die Unterhaltung der anderen um sich herum, obwohl sie immer noch reden. Das passiert dank des ARAS, dem man zu verstehen gab, dass das andere nicht mehr wichtig ist. Daraufhin stellt es sich diesbezüglich auf Standby. Einen sehr wichtigen Reiz wie die Ansage der Station, bei der man aussteigen muss, filtert es aber aus der Geräuschkulisse heraus. Da ist man sofort hellwach, wenn man den Ortsnamen hört.

Das ARAS schützt das Gehirn vor einer Reizüberflutung. Kommt das ARAS mit dem Filtern nicht mehr hinterher, wie das bei Tieren mit einem hohen Stresslevel oder bei Menschen im Großraumbüro, mit der Aufmerksamkeitsdefizit-Hyperaktivitätsstörung ADHS oder mit einer Hochsensibilität oftmals der Fall ist, dann wird das für den Organismus leicht zu einem Problem, deren Folgen sich im Körperlichen und Emotionalen äußern.

Zweitens hat ein Mensch jeden Tag durchschnittlich rund 60.000 Gedanken, wovon im Allgemeinen rund 70 % nebensächlich-flüchtig, rund 25 % destruktiv und rund 5 % aufbauend oder kreativ sind. (7) Da dürfte es für ein Tier schon in einem Ein-Personen-, geschweige denn in einem Mehr-Personen-Haushalt schwer werden mit dem dauerhaften Zuhören.

Drittens: Wenn Tiere mit ihren eigenen Interessen beschäftigt sind, wenn sie spielen, futtern, etwas Spannendes gefunden haben, sich mit ihresgleichen unterhalten oder durch etwas Interessantes abgelenkt sind, dann achten sie kaum noch auf uns, außer man setzt einen für sie starken Reiz.
Wenn ich mit meiner Hündin Susi im Auto fuhr, sah sie ganz interessiert aus dem Fenster und hörte mir nicht mehr zu. Erst wenn ich sie berührte, also einen Reiz setzte, der sie vom Draußen ablenkte, richtete sie ihre Aufmerksamkeit auf mich.

Von diesen drei Punkten einmal abgesehen, achten Tiere natürlich schon auf das, was wir machen, denken und beabsichtigen. Manche mehr, manche weniger, je nach Interesse und Notwendigkeit. Deshalb wissen manche Tiere von geplanten Besuchen, Tierarztbesuchen, Reisen und Vorhaben, weil sie diese Infos entweder an unseren Körpersignalen und Veränderungen im Umfeld wahrgenommen haben oder weil sie die telepathisch aufgeschnappt hatten.
Wie dieser Kater: Eine Bekannte machte eine Tierkommunikation mit dem Foto eines ihr unbekannten Katers. Der erzählte ihr während des Gespräches von einem Klavier, auf welchem er sich schon liegen sah. Sie schrieb mir: „Das Klavier gibt es nicht, aber die Halterin, die ich persönlich nicht kenne, meinte, sie wünsche sich eins und sie erzähle ab und an auch davon."
Was sie selber betrifft, das bekommen Tiere in der Regel mit.
Für Katze Mia gibt es drei topwichtige Reize, die sie beziehungsweise ihr ARAS sofort hellwach werden lassen. Das ist erstens, wenn ihre

Leute die Wohnungstür aufschließen, zweitens, wenn eine Leckerlitüte raschelt und drittens, wenn das Wort „Tierarzt" fällt. Mit Letzterem verbindet sie den einzigen für sie ungeheuer unangenehmen Ort. Aber wenn ihr Ralf und ihre Sabine sich im Plauderton miteinander unterhalten, fällt das bei ihr unter: „Ist das laaaangweilig. Davon schlaf ich gleich ein."

Das Gleiche kennen auch Schulkinder aus dem Unterricht oder wir Erwachsene bei Besprechungen. Kein interessanter Reiz, keine Relevanz, kein Erfassen im Gehirn. Das ARAS wird auf Durchzug gestellt, sodass sich das Körpersystem im sinnvollen Energiesparmodus befindet. Bis es sich wieder durch einen bedeutungsvollen Reiz anschaltet, zum Beispiel durch das schöne Wort: „Pause!"

Sabine meinte, Mia wüsste immer, wenn es zum Tierarzt gehen soll und wäre dann jedes Mal wie von Zauberhand verschwunden. Sie sagen das Wort meist schon gar nicht mehr laut. Aber natürlich denken Ralf und Sabine es noch mit aufgeladener Intensität und sehen die Autofahrt und die Praxis vor ihren inneren Augen, wenn sie das miteinander besprechen und Sabine telefonisch den Termin bucht. Kennt man die Telepathie, dann weiß man, dass es ausreichen kann, wenn Infos mental in den Äther geschickt werden. Das verbale Äußern eines Gedankens ist nur ein zusätzliches Verstärken der gedachten und damit ausgesandten mentalen Information. Denkt man im Alltag ab und an mal an einen Tierarztbesuch nach dem Motto „man müsste mal irgendwann wieder hin", dann wird das an der Katze vorbeirauschen. Aber wenn diese Gedanken intensiv sind, weil sie mit einer glasklaren Absicht und mit Gefühlen unterlegt sind á la „Nächste Woche an meinem freien Tag machen wir das! Puh, hoffentlich klappt alles!", dann werden sie quasi ganz dick unterstrichen in Riesenbuchstaben mental in den Äther ausgesandt. So etwas wird das ARAS von Mia sofort aus all den Tausenden Gedanken herausfiltern und als sehr wichtige Information einstufen und in den aktiven Teil ihres Gehirns senden. Das heißt, Mia wird diesbezüglich nun hellwach sein und darauf reagieren.

Vom Biologischen her gibt es nur drei Verhaltensmöglichkeiten für Tiere und Menschen, wenn es im Leben eng wird. Diese drei Möglichkeiten sind die sogenannten „Überlebensstrategien": 1. Angriff, 2. Flucht, 3. Erstarren. Auf Englisch: Fight, Flight, Freeze. Bisher entschied sich Mia, weil sie nicht so der Typ für 1. ist, immer für 2. und 3., also für die Flucht in ein Versteck und dort dann so lange mucksmäuschenstill auszuharren, bis die Gefahr vorüber war.
In seinem Buch „Der siebte Sinn" berichtet Dr. Rupert Sheldrake von einer Umfrage unter 65 Tierarztpraxen. Demnach wurden bei 64 Praxen regelmäßig kurzfristig die gebuchten Termine von Katzenhalterinnen und Katzenhaltern abgesagt, weil deren Wohnungs- oder Freigängerkatze beim Losfahrenwollen urplötzlich nicht mehr auffindbar war. Die 65. Praxis vergab aus diesem Grund gar keine festen Termine mehr für Katzen.

Haben Tiere, genau wie wir Menschen, genug vom Zuhören, dann hören sie nicht mehr hin. Es wird dann sozusagen der „Aus-Schalter" gedrückt. Den Schalter gibt es in Wirklichkeit nicht. Mit dem „Ausschalten" ist das gezielte Filtern des ARAS gemeint, also das „Überhören", das „Übersehen" oder das „körperlich nichts mehr wahrnehmen", beispielsweise dass der Stuhl ungemütlich ist, weil der Elfmeter gerade viel spannender ist. Im Zug hört man nicht mehr die Unterhaltung der anderen um sich herum, wenn man sich entschließt, darüber hinweg zu hören, also abzuschalten. Um das zu erreichen, verändert man seinen Fokus und richtet seine Aufmerksamkeit auf etwas anderes. Das kann bewusst geschehen, indem man sich die vorbeiziehende Landschaft ansieht, oder unbewusst, indem man beim Lesen eines spannenden Buches alles andere um sich herum vergisst. Die anderen reden immer noch, aber man hört sie nicht mehr. Erstaunlich, was? Das passiert dank des ARAS, dem man zu verstehen gab, dass das andere nicht mehr wichtig ist. Daraufhin stellt es sich diesbezüglich auf Ruhemodus. Die Ansage der Station, bei der man aussteigen muss, ist ein so wichtiger Reiz, dass den das ARAS sofort an das Gehirn weiterleitet. Deshalb fühlt man sich plötzlich so wach und aufmerkend an, wenn man den Ortsnamen hört. Genauso wie Mia, wenn sie im Alltagseinerlei plötzlich das Wort „Tierarzt" hört.

Lösungsansätze bei der 1. Art

1. Das Korrigieren der eigenen Signale
Dafür findet man als erstes heraus, welche eigenen Körper- und Stimmsignale dem Ziel nicht förderlich sind. Als zweites achtet man darauf, wann sie auftreten und korrigiert sie. So versucht man sich bei Sorgen oder einem Gestresstsein erst einmal zu entspannen. Dafür wird beispielsweise der zusammengesunkene Oberkörper aufgerichtet, das Kinn leicht angehoben und die Schultern locker etwas nach hinten genommen. Zieht man nun noch seine Mundwinkel hoch, dann entspannt sich dadurch das Gehirn und damit auch der Körper. Bei aufgerichteten Schultern und hochgezogenen Mundwinkeln ist es übrigens nicht möglich, sich Sorgen zu machen. Das funktioniert auch, wenn die Mundwinkel nur mechanisch hochgezogen werden. Der Vorher-Nachher-Unterschied ist sofort zu bemerken. Nur durch solch kleine Veränderung schickt man an sich selbst und seinem tierischen oder menschlichen Gegenüber andere Signale. Auf einen vorgebeugten, verdrießlichen Menschen wird sowohl von Menschen als auch von Tieren anders reagiert als auf einen aufgerichteten Menschen mit einem offenen Gesichtsausdruck. Weitere Vorschläge zum Runterkommen auch in schwierigen Situationen oder bei verhaltensauffälligen Tieren stehen nach den vier anderen Lösungsvorschlägen.
Da sich die eigenen Gefühle im Gesicht und der Körperhaltung ausdrücken, sollte man sich gerade nach einem Schimpfen, einem Wütendsein, einem Zügeln oder einem „Nein" die vergangene Situation abschließen und sich wieder entspannen. Anstatt hinterher weiter ernst zu gucken, besser die Mundwinkel hochziehen, um sich zu entspannen.
Übrigens ist ein „Nein" für ein Tier beim Ansehen schnell zweideutig, da bei einem deutlichen Aussprechen eines „Nein" die Mundwinkel

zur Seite gezogen werden wie bei einem Lächeln. Und da Tiere nun mal kein Deutsch verstehen, sie also nicht wissen können, was „Nein" oder andere Wörter heißen, könnten sie nach ihrem kurzen Blick ins Gesicht denken, dass alles in Ordnung ist.

2. Des Weiteren kann man beginnen, neben der Körperhaltung auch auf seine Gedanken und Gefühle zu achten und diejenigen zu unterbrechen, die nicht hilfreich sind, und sanft auf förderliche Gedanken und Gefühle umzuschwenken. In den Büchern der Bestsellerautorin Louise Hay stehen dafür viele gute Beispielsätze. Bei diesem Ansatz geht es nicht darum, nur noch ausschließlich positiv zu denken und alle unangenehmen Gefühle zu unterdrücken. Man sollte sehr wohl auf wichtige, unangenehme, nachfragende und kritische Gedanken und Gefühle achten. Aber klebrige Gedanken und längst überholte kleinliche Gefühle, die nur noch antiquierte Angewohnheiten sind, die kann man getrost wie alte Kleidung aussortieren.
Die Entrümpelung und Neugestaltung der inneren Räume kann etwas dauern, aber beides wird Verbesserungen im Umgang mit Tieren und Menschen und sich selbst bewirken. Ansonsten richtet man sich immer wieder klar auf die den eigenen Zielen entsprechenden Gedanken und Gefühle aus.
Auf der Website www.Tierredezeit.de der systemischen Pferde-aufstellerin und Tierkommunikatorin Sylvia Albert stehen einige Berichte dazu, welche Erfolge solche mentalen Veränderungen mit sich bringen. Bei ängstlichen Reiterinnen und Reitern nennt sie diesen Prozess „Vom Kopfkino-Frust zur Ausreit-Lust". Sie meint: „Den Angstfilm in deinem Kopfkino kannst du umschreiben zu einem Film mit Happy End."

3. Das gewünschte Verhalten visualisieren
Eine weitere Möglichkeit ist, im möglichst entspannten, lächelnden

Modus immer wieder mal Bilder von dem gewünschten Verhalten zu senden. Also wie man sich selbst und wie sich das Tier idealerweise verhalten sollte. Man stellt sich dafür die Bilder vor seinem inneren Auge vor und sendet sie dann dem Tier zu. Das wird in der Springreiterei schon mit Erfolg gemacht. Die Methode des Visualisierens wird in vielen Sparten des Einzel- und Gemeinschaftsprofisports angewandt, um bessere Leistungen zu erzielen.

Auch das Übermitteln von Gefühlen an sein Tier ist möglich. Das könnte das Gefühl des Entspanntseins sein oder ein abwinkendes „Pff, das ist doch egal"-Gefühl. Im Anschluss kann zur Beruhigung oder nach dem richtigen Verhalten noch aus vollem Herzen ein Liebes- oder Freudegefühl, ein Küsschen und ein Dankeschön hinterhergesandt werden.

Bei Tierkommunikationen zeigt sich, dass Tiere, sollte das ARAS bei den rund 60.000 menschlichen Gedanken pro Tag nicht gerade abgeschaltet haben, die Gedanken und Gefühle ihrer Halterinnen und Halter ansonsten telepathisch empfangen. Liebevolles gilt für das ARAS als ein positiver Reiz, der gern durchgelassen und an das Gehirn übermittelt wird. Für das Zusenden der für das Tier angenehmen, unterstützenden Bildern und Gefühlen nimmt man sich die Zeit, um innerlich entspannt zu werden. Daraufhin stellt man sich vor, wie Liebe, Zuneigung oder Respekt aus seinem eigenen Herzen zu dem Tier fließt oder diese Gefühle das Tier einhüllen oder sie fließen einfach so zu ihm hin. Die mitgeteilten Gefühle sollte man für das Tier auch empfinden. Dann stellt man sich intensiv die Bilder des gewünschten Idealverhaltens oder des Idealverhältnisses vor und zeigt sie dem Tier.

Wer nicht der visuelle Typ ist, nutzt die Möglichkeiten seiner anderen Sinne zur Übermittlung der Informationen. Das telepathische Übermitteln von Informationen an ein Tier ist in den Seminaren zur Tierkommunikation erlernbar. Ansonsten können auch Tierkommunikatorinnen darum gebeten werden.

Mithilfe einer Tierkommunikation kann man erfahren, wie das eigene Verhalten, die Körpersignale und Gedanken beim Tier ankommen. Im www.Netzwerk-Tierkommunikation.de findet man eine Übersicht über professionell arbeitende Tierkommunikatorinnen aus ganz Deutschland. In der Liste sind ausschließlich Frauen aufgeführt, weil die Tierkommunikation ein Frauenberuf ist. Es gibt auch Hunde- und Pferdetrainerinnen, die Tierkommunikatorinnen sind und die beides miteinander verbinden. Zum Beispiel Nicole Cimalla aus Hamburg, Tanja von Salzen-Märkert aus der Nähe von Bremen, Saskia Eubling aus dem Spreewald, Jutta Durst aus der Nähe von Düsseldorf, Nicole Herrmann aus Rotalben in der Pfalz und Stefanie Staudigl aus Regensburg.

4. Das Überprüfen von Trainingskonzepten und Ratschlägen
Dafür würde man erfragen, aufgrund welcher Annahmen gearbeitet wird und auf welche Quellen sich berufen wird. Denn ein „ich mache das schon jahrelang so" und ein „bei mir funktioniert das gut" ist nicht immer ein Qualitätsmerkmal. Man kann auch jahrelang etwas falsch machen. Oder das angebotene Konzept passt nicht zu den Problemen von dem Anfragenden und seinem Tier. Oder es ist wissenschaftlich schon längst überholt, wie beispielsweise die „Dominanz"-Theorie bei Hunden und Pferden.
Am besten ist, man hört im Bezug auf Training und Ratschläge auf das Bauchgefühl. Man sollte, vor allem zum Wohle des Tieres, ein Training oder eine Therapie oder das Ausprobieren von Ratschlägen umgehend unter- oder abbrechen, wenn das Gefühl signalisiert, dass da etwas nicht passt.

5. Lösungsansatz: Herausfinden, was am besten für mein Tier und mich passt. Denn nicht alles passt für alle. Eine befreundete Trainerin meint, dass es bei zehn Tier-Mensch-Teams manchmal zehn ver-

schiedene individuell angepasste Trainingsansätze und Lernwege braucht. Deshalb sollte man bei einem angepriesenen „Schema F" sehr skeptisch werden.

Zum Lernen: Laut der Lernpsychologie gibt es sechs verschiedene Wege, um etwas zu erlernen:
a) Durch Wiederholungen
b) Durch ein Vorbild, bei dem man sich etwas abschaut
c) Durch Ausprobieren, also durch „Versuch, Fehler, Korrektur"
d) Durch eine strukturierte Anleitung
e) Durch die Praxis
f) Durch kommunikativen Austausch und logisches Verstehen wie einem „Ach so! Jetzt verstehe ich!"

Jedes Tier und jeder Mensch kennt alle Lernformen und mixt sie im Leben je nach Situation. Aber fast alle haben eine bevorzugte Lernform, über die sie am effizientesten und lang anhaltend lernen.

Es gibt Hunde und Pferde, die lernen am besten durch stete Wiederholungen, so dass ihnen Neues auf diese Weise vertraut wird und es ihnen in Fleisch und Blut übergeht. Siehe a)

Andere orientieren sich an ihrem Kumpel, von dem sie sich vieles abgucken. Siehe b)

Es gibt Tiere, die haben viel Spaß an Schnüffelteppichen und Suchbrettspielen. Das sind Vorrichtungen, in denen unter Fransen oder hinter verschiebbaren oder drehbaren Teilen Leckerlis versteckt sind. Siehe c) Andere Hunde gucken einen bei solchen Teilen nur verständnislos oder genervt an und signalisieren deutlich, dass man die Leckerlis doch mal bitte direkt geben soll. Die mögen kein c).

Manchen braucht man nur etwas ein-, zweimal genau und langsam zu zeigen und dann setzen sie es um. Siehe d)

Durch das Machen lernen einige am besten. „Lieber Hund, du kennst keine hohen Berge oder das Meer und weißt deshalb nicht, wie du dich dort verhalten sollst? Dann lasse uns dort eine Woche Urlaub machen." Siehe e)

Andere verstehen mithilfe einer kurzen, erklärenden Tierkommunikation, um was es geht und setzen es ab da um. Siehe f)

Zwei Beispiele zu f):

Ein Paar, bei dem ein erwachsener Hund ein liebevolles Zuhause gefunden hatte, schrieb: „Seit der Kommunikation mit unserem Hund hat sich sein Verhalten Hunden gegenüber verbessert. Auch seine Angst im Wald scheint sich zu legen, denn er bleibt auch mal zurück, um zu schnüffeln – etwas, was er vor dem Termin nie gemacht hat! Wir haben seit der Tierkommunikation Rehe, ein Wildschwein und einen Waschbären im Wald getroffen. Ich habe ihm jedes Mal noch einmal alles verbal erklärt, was du ihm im Gespräch telepathisch erklärt hattest, und er blieb immer entspannt!"

André kam mit seiner agilen Shiba-Inu-Hündin zu einem Tierkommunikations-Wochenendseminar, bei dem es unter anderem um das Erklären und Verhandeln ging. Sie hielt nicht am Bordstein an und sprang auch mal an der Leine von links nach rechts oder fast auf die Straße, wenn sie etwas interessant fand. Dadurch war es schon zu etlichen lebensgefährlichen Situationen gekommen. Mit Hilfe der Verhandlungstechnik erklärten wir ihr am Samstag genau, wieso und was sie besser nicht mehr tun sollte, damit sie nicht eines Tages von Fahrrädern und Autos angefahren wird. Es wurde ein intensives Gespräch, bis sie die gefährlichen Konsequenzen ihres Lospreschens in der Stadt begriffen hatte. Danach besprachen wir mit ihr, was sie anstelle dessen machen könnte, sodass sie bis zum Lebensende ganz gesund bleibt. Am Sonntag, dem zweiten Tag des Seminars, berichtete uns André gleich zu Beginn, dass sie am Samstag auf dem gesamten Nachhauseweg von sich aus ganz aufmerksam war und an jeder Bordsteinkante wie angewurzelt stehen blieb. Das hatten wir mit ihr so ausgemacht. Erst auf sein Winken hin, auch das hatten wir so mit ihr abgesprochen, setzte sie ihre Pfoten auf die Straße.

Es wäre sinnvoll, die Lernform, über die ein Tier besonders leicht lernt, herauszufinden. Denn dann dürften Trainings- oder Erziehungsziele viel einfacher und schneller erreicht werden. Bei einem guten Tier-Mensch-Team-Training werden erstens die Probleme und Eigenheiten und den Beziehungsstand der beiden eruiert, zweitens die beste Lernform für sowohl das Tier als auch den Menschen herausgefunden, drittens die Lernziele der beide gemeinsam formuliert und ein Training dementsprechend in für beide machbaren, individuellen Schritten angeboten.

Bei einem Training und Erziehung sollte es nie um Manipulation, Dressieren, Zwang oder das Abwälzen der eigenen erzieherischen Verantwortung gehen, sondern immer um ein besseres Verstehen und um eine ehrliche Kooperation. Ein Training sollte darin bestärken, den ganz individuellen Weg miteinander zu finden. Es sollte dabei fördern, auf das Bauchgefühl zu hören, um herauszubekommen, „was stimmig ist für uns beide" und was da passt und machbar und gewollt ist. Das Ziel wäre, dass man zu einem Team zusammenwächst, das Tier aus sich selbst heraus zeigen kann, was alles in ihm steckt und dabei auch der Spaß für beide nicht zu kurz kommt.

~ ~ ~

Hier die vorn versprochenen Tipps zum Runterkommen in schwierigen Situationen. Man kann dann einerseits etwas für das Tier tun und andererseits etwas für sich. Beides wird dem jeweils anderen guttun.

Was man für das Tier tun kann:
~ Dem Tier Zeit geben. Ihm seinen Rückzugsraum lassen. Ihm eine sichere, stabile Basis durch den Alltag geben. Beispielsweise

einem unsicheren Tier mit einem vorhersehbaren, weil immer gleich ablaufenden Tagesablauf mit einfachen Alltagsroutinen die notwendige Sicherheit geben.

~ Ein Tier muss erst zu den neuen Bezugspersonen Vertrauen aufbauen. Das dauert meist eine Weile. Dieses Vertrauen, „dass ich bei dir bleiben kann, egal, was ich aufgrund von meinen nicht immer steuerbaren Impulsen anstelle", wächst bei manchen Tieren nur langsam über Wochen und Monate. Lebensprozesse sind wie Pflanzen. Bei manchen geht es schneller, bei anderen dauert es länger, bis aus einem Samen eine Pflanze mit Blüten und aus den Blüten Früchte geworden sind. Im Tierschutzbereich rechnet man aufgrund der Tausenden Erfahrungen, dass nicht sozialisierte oder traumatisierte Tieren für das Einleben, das Lernen von Neuem, die Bildung neuer Verhaltensmuster, für ihre Heilung und ihre inneren Prozesse zwischen einem viertel Jahr und anderthalb Jahre benötigen können. Wenn ein Tier nach sechs oder nach zwölf Monaten immer noch Probleme hat oder Probleme macht, ist diese Zeitspanne also im üblichen Rahmen.

~ Verhaltensauffällige Tieren benötigen in der Regel eine Nachsozialisation oder ein Training und meistens auch eine Heilung ihrer emotionalen Verletzungen.

~ Hilfreich sind regelmäßige, täglich wiederkehrende Freude- und Erfolgsmomente für das Tier. Es macht viel aus, wenn man jeden Tag mehrmals etwas Schönes zu ihm sagt. Das Tier hört am Klang der Stimme das Wohlwollen. Eine Frau erzählte mir, dass sie ihrem neu aufgenommenen unruhigen Kater einfache Volks- und Wiegenlieder vorsang. Davon entspannte er sich.

~ Man kann dem Tier immer wieder verbal von Herz zu Herz oder telepathisch sagen, was man an ihm toll findet, ihm Mut machen, die sichtbaren Verbesserungen aufzählen und es loben. Was einem selbst auch guttut, ist öfter mal den Satz zu sagen „Ich liebe dich."

Was man für sich selbst tun kann:

~ Seine eigenen Gefühle fühlen, benennen, sie reflektieren, darüber reden oder schreiben. Zum Beispiel, indem man mit einem Freund oder einer Freundin oder der Telefonseelsorge telefoniert oder einem Tagebuch das Herz ausschüttet. Gefühle wie Überforderung, Hilflosigkeit, Ohnmacht, Enttäuschung, Ärger oder Verzweiflung sind normal in solcher Situation. Vor allem, wenn man sich das Zusammenleben einfacher vorgestellt hatte.

~ Viele fragen sich dann, auf was sie sich da nur eingelassen haben und ob sie das schaffen werden. Dann hilft es aufzuschreiben oder laut aufzuzählen, was sich schon verbessert hat. Was vorangeht. Das Anerkennen auch der kleinen Veränderungen. Man sollte das Tier und sich immer wieder für die Fortschritte loben.

~ Vom eigenen Stresslevel herunterkommen geht beispielsweise mithilfe der schnell über Internetvideos zu erlernenden „MET-Klopf-Methode", mit dem Aura-Soma-Pomander „Rosa" oder mit Notfall-Bachblütentropfen.

~ Entspannend wirkt auch das Aufzählen von wenigstens zehn Sachen, die schön sind und von zehn Sachen, für die man dankbar ist.

~ Ebenfalls ganz einfach ist die „4711"-Methode. Bei der zählt man in Gedanken langsam von 1 bis 4 und atmet derweil ein. Dann zählt man langsam von 1 bis 7 und atmet dabei aus. Das wiederholt man 11 Mal oder 11 Minuten lang. Auf diese Weise macht man den Atemrhythmus beim Schlafen nach und täuscht dem Körper und dem vegetativen Nervensystem das Schlafen vor. Dadurch entspannen sich der Körper und das Gehirn.

~ Was auch wirkungsvoll ist: Das Kinn hochnehmen, den Oberkörper aufrichten, die Schultern nach hinten nehmen, die Mundwinkel hochziehen wie zu einem Lächeln und zu sagen: „Das schaffen wir!"

~ Gegenüber dem Tier sich möglichst nicht zurückweisend oder genervt verhalten. Dann lieber draußen Bälle wegschießen, die Anspannung aus dem Körper heraustanzen oder herausschütteln, ein Blatt Papier energisch vollkritzeln oder einen Pappkarton zertreten.

Wenn man allein im Auto oder im Wald ist, so etwas wie: „Ich habe darauf null Bock!", „Ich bin so wütend!" oder „Ich habe die Schnauze echt voll davon!" sagen oder rufen.

~ Oder seine Gefühle reflektieren.

~ Oder wieder einmal tief durchatmen und Abstand gewinnen.

~ Immer wieder Herz und Arme für das wunderbare Tier öffnen. In meiner Ausbildung zur Heilerzieherin hörte ich den Satz: „Wenn Kinder etwas angestellt haben und ihr meint, sie verdienen deshalb eure Liebe gerade am wenigsten, dann brauchen sie sie am meisten."

~ Falls die Situation zum Teil auch mit einem selbst zu tun hat, dann sollte man das ansehen, verändern, heilen, sodass sich das Problem auflösen kann. Es lohnt sich, diesen Weg zu gehen.

~ Sich beraten lassen. Die gegebenen Ratschläge für sein Tier aber bitte immer mit dem Herzen überprüfen, denn nicht alles passt für alle.

~ Falls die Situation überfordert, sich Beistand durch andere suchen. Viele helfen gern und Unterstützung tut immer gut und bringt weiter. *Die ersten Monate mit meiner aufgenommenen Hündin Susi waren nicht leicht. Als ich angefragt wurde, ob ich sie als Pflegestelle aufnehmen könnte, war sie im Tierheim eine muntere Hündin. Aber weil ihr der Umzug Probleme machte, begann sie zu bellen. Trotz ihres vielen Bellens kam das Zurückgeben für mich nicht infrage, auch wenn das jederzeit möglich gewesen wäre. Lieber sah ich mich nach Lösungsansätzen um, fragte andere, was sie mir raten würden, wurde Weltmeisterin im Durchatmen und hielt durch. Und nach und nach veränderte sich ihr Verhalten, sie bellte nicht mehr und fing an aufzublühen.*

~ Dankbarkeit praktizieren. Das ist ganz einfach, kostenlos, enorm effektiv und macht das Herz froh. Dafür jeden Tag einige Sachen aufzählen, wofür man dankbar ist. Ob verbal beim Gehen zur Arbeit oder mit dem Hund, abends vor dem Einschlafen als Tagesresümee oder als SMS an sich selbst oder per Stift im Kalender oder in einer Kladde notiert. Ein solches zehnminütiges Dankbarkeitsritual führte wissenschaftlich untersucht schon nach zehn Wochen zu einer höheren Lebenszufriedenheit und klarerem Denken, die Teilnehmenden hatten einen um 25 % besseren Schlaf, 16 % weniger körperliche Beschwerden, 10 % weniger Schmerzen und waren um 19 % agiler. (8) Dankbarkeit führt dazu, dass man nachweislich vom Stress runterkommt und dass man das Gute sehen kann.

~ Gerade bei verhaltensauffälligen Tieren ist es gut, nicht immer das unerwünschte Verhalten zu sehen, sondern dass, was das Tier schon richtig gut macht, um das umgehend mit Lächeln und Lob zu belohnen und auch zu bemerken, welche Fortschritte schon passiert sind.

~ Mit dem Fokus auf das richtige Verhalten kommt man viel schneller ans Ziel. Denn selbst wenn man jedes Mal deutlich macht, was das unerwünschte Verhalten ist, weiß das Tier ja nun noch nicht, was das richtige ist. Das Tier ist in der gleichen Situation wie ein Reisender, der in Asien ein lautes, ärgerliches „Stopp" zum Aufnehmen der Gabel bekommt. Er weiß nun zwar, dass er das nicht machen soll, aber er weiß nicht, wie er dann essen soll. Die zwei zusammenhangslosen Zweige auf dem Tisch werden von ihm glatt übersehen. Selbst wenn nun jemand sagt, das sind Stäbchen und damit isst man, dann weiß er immer noch nicht, wie so etwas gehen soll. Deshalb reicht ein „Nein" allein nicht aus, soll etwas Neues erlernt werden. Durch positive An-erkennung für die ersten verwunderten Blicke auf die Zweige, das Lob für ein erstes Herumprobieren damit, ein Schulterklopfen für die ersten gelungenen Versuche und nach einigem Üben, das mit Aufmunterungen begleitet wird, schafft es der Reisende endlich, auch mit Stäbchen zu essen. In der Pädagogik heißt es: „Mit Lob zieht man Kinder groß" – Tiere und Erwachsene ebenso. Lobt man jemanden, macht man damit gleichzeitig sich und den anderen glücklich. Einfach mal bei Tier und Mensch ausprobieren. Durch Dankbarkeit nimmt man das richtige Verhalten wahr und wertschätzt es. Dankbarkeit ist wie ein Zauberstab.

~ Bei einem Tier, dessen Verhalten an den Kräften zehrt, ist eine erprobte Medizin für sich und den Fellengel: Ihm laut wenigstens

29

drei Sachen aufzählen, was man an ihm mag oder was er schon echt gut kann. Das hilft. Versprochen.

~ Man kann versuchen, in allem einen Sinn zu sehen oder dem Ganzen einen Sinn zu geben. Dafür könnte man sich die Frage stellen: „Weshalb und wozu könnte das passiert sein?" Manche Situationen sind eine Folge von ehrlicher Hilfsbereitschaft und von Unerfahrenheit. *Ich hatte auch keine Ahnung, auf was ich mich mit Susi einlasse. Ich hatte vorher schon ältere Katzen aus dem Tierschutz aufgenommen, aber deren Verhaltensbesonderheiten legten sich nach einigen Tagen. Aber bei Susi war das anders. Die Erfahrungen, die ich durch sie gemacht hatte, möchte ich nicht mehr missen. Nach dem steinigen Weg mit ihr weiß ich jetzt, was mich bei einem Tier erwarten kann und wie ich damit am besten umgehe. Auch kann ich nun andere viel besser verstehen. Dass ich das alles geschafft habe, macht mich im Nachhinein auch stolz. Außerdem fühlt es sich gut an zu wissen, dass ich jemanden ein gutes Leben ermöglicht habe. Ich würde sagen, insgesamt bin ich durch die unverhoffte Erfahrung viel bewusster und reifer geworden.*

Es heißt, dass das Beste, was einem im Leben passieren kann, nicht ein langes, ruhiges Leben ist, sondern neue Erfahrungen, Selbsterkenntnis und inneres Wachstum. Mit einem „Chaos-Tierchen" wird man das alles definitiv haben. Bei solch einem wird man über sich selbst hinauswachsen in etwas Neues.

Die 2. Art des Spiegelns

Das gegenseitige Beeinflussen

Diese Art bezeichnet das „Spiegeln" des energetischen Kontextes und deren Folge.

Eine über eine längere Zeit bestehende disharmonische energetische Abstrahlung einer Person kann im Energiefeld eines Anderen eine disharmonische Störung nach sich ziehen. Solchen Vorgang kann nicht nur das Kind, das Tier oder den Ehepartner betreffen, sondern auch den Kontostand oder die Wohnung. Wie stark sich dieses Phänomen auf unser Zuhause sowohl negativ als auch positiv auswirkt, stellt die Autorin Louisa Kranawetter in ihrem Buch „Mein Zuhause spiegelt mich" und Karen Kingston in dem Millionenbestseller „Feng Shui gegen das Gerümpel des Alltags" recht eindrücklich dar.

Ich erlebte dieses spiegelnde Verformen zwischen mir und meinem ersten Auto, das ich von Evi, einer Freundin, bekam. Erst bei mir blieb es regelmäßig wegen der Zündkerzen stehen. Ich war damals in einer sehr wütenden Lebensphase und anscheinend schaffte ich es durch diese intensive Ausstrahlung, dass nach fünfzig bis dreihundert Kilometern die Zündkerzen immer wieder verrußt waren. Wir konnten uns das nicht anders erklären, denn wenn ich besonders wütend in meinem Auto fuhr, stellten die Kerzen schneller ihren Dienst ein, als wenn ich entspannter unterwegs war. Das Problem trat auch auf, nachdem die ganze Zündungsanlage und alles damit Zusammenhängende nagelneu ausgetauscht waren. Die Meister von zwei Autowerkstätten versuchten alles und standen zwei Jahre lang vor einem Rätsel. Sie schüttelten am Ende nur noch mit dem Kopf, wenn ich mal wieder tuckernd in ihren Hof fuhr. Als so etwas ähnliches bei meinem zweiten Auto kurz nach dem Kauf wieder passierte, obwohl es bei der Vorbesitzerin keine Probleme damit gegeben hatte, hatte ich genug davon und machte eine intensive Session zu dem, was ich da unbewusst so vehement ausstrahlte und löste das auf. Danach kam das nie wieder vor und alle meine Autos waren seitdem reparaturarm.

Tiere unterliegen ebenfalls unserem Einfluss. Denn unsere Haus- und Hoftiere sind mit uns verbunden, nicht nur vom Herzen her, sondern auch energetisch. Deshalb können sie unsere Stimmungen oder Muster, wenn die länger andauern, übernehmen. Sowohl die harmonischen als auch die disharmonischen. Sie können gesund werden durch das Harmonische in uns und krank werden durch für sie disharmonische Schwingungen.

Einige Beispiele aus meiner Praxis:

~ Ein Mann nahm ein ängstliches Pferd aus dem Tierschutz auf. Durch seine Liebe blühte es auf und wurde unbeschwert.

~ Eine Hündin zieht draußen an der Leine, wenn sie andere Hunde sieht. Die Halterin möchte das nicht mehr, denn ihr tut der Arm davon weh. In der Tierkommunikation übermittelte die Hündin, dass sie andere Hunde einfach interessant findet und gern Kontakt zu ihnen hat. Deshalb möchte sie zu anderen hingehen. Die Halterin sagte dazu: „In unserer Kontaktfreudigkeit sind wir uns gleich. Ich liebe auch Geselligkeit." Die Hündin meint, sie würde nicht mehr ziehen, wenn sie mit einem oder zwei oder mehreren Hunden, die ihr schon bekannt sind, ihre Gassirunden drehen kann, denn dann brauche sie nicht mehr fremde Hunde, um ihr Geselligkeitsbedürfnis zu stillen. „Ja", stimmte die Frau zu, „wenn wir zusammen mit befreundeten Hunden gehen, dann zeigt sie das kaum."

~ Ein Pferd wird von den anderen Pferden von den Heuraufen immer wieder verjagt. Seine Halterin wurde vor einiger Zeit länger gemobbt.

~ Eine Frau hat hinten im Garten eine Saunahütte stehen. Unter der Bretterverkleidung der Hütte gehen unsichtbar Ameisen hoch, die sich ihren Bau im begrünten Dach unter dem Blähton gebaut haben. Mittlerweile rieselt es von ihren Bautätigkeiten durch die Decke in die Sauna hinunter. Sie überlegt, ob das mit den Ameisen mit ihrem Mann zusammenhängen würde, ob sie eine Spiegelung von

ihm sind? Oder stehen sie mit ihr im Zusammenhang, obwohl sie da nicht genau weiß, was die Ameisen da spiegeln könnten? Ihr Mann sei schon vor längerer Zeit an einen sich ausbreitenden Gehirntumor gestorben. Die Ameisen breiten sich ebenfalls unter dem Dach, also im „Schädel" der Sauna aus und schädigen sie. Sie hätte zu dieser Sicht eine Resonanz. Ich erzählte der Frau von einer Bekannten, die jahrzehntelang Ameisen in einer Hausecke hatte und, wenn sie dort ab und an die Holzkörnchen zusammenfegte, immer ganz stolz sagte: „Ameisen wohnen nur bei Fleißigen." Die Frau meinte, da hätte die Bekannte wohl recht, denn sie wäre auch sehr fleißig.

Möchte man mehr dazu erfahren, welcher innerer Anteil sich bei Begegnungen mit frei in der Natur lebenden Tieren spiegeln könnte, dann ist dafür das Buch „Tierisch gut – Wildtiere als Spiegel der Seele" von Regula Meyer vortrefflich geeignet. Sie beschreibt darin fundiert 190 mitteleuropäische Wildtierarten, von Schmetterling über Maus, Kranich bis Hirsch. Bei einer Tierbegegnung sieht man unter der entsprechenden Tierart nach.

~ Einmal sollte ich eine ältere Hündin bei einer Tierkommunikation per Foto fragen, „Wie geht es Dir?" Sie antwortete: „Schlecht." Ihre Schlappheit fühlte sich für mich nicht nach einem schlechten Tag, sondern nach einer schweren Krankheit an. „Weshalb geht es dir schlecht?" Ich bekam von ihr die Körperwahrnehmung gesandt, als würde sie schon lange durch dicke Luft laufen, die in der Wohnung auf sie drückte und die wie eine unangenehme Schwingung war. Die Frau sagte stockend, dass ihre Hündin Krebs hätte. Sie selber wäre schon seit Längerem krankgeschrieben wegen Depressionen. Sie meinte, ihre Hündin war das erste Jahr, als das mit ihrer Krankheit begann, noch gut gelaunt gewesen wie immer, aber dann wurde sie immer ruhiger. Sie hatte aber ihre Hündin nicht weggeben wollen, weil die sehr auf sie fixiert sei und sie sich beide liebten. Deshalb hatte sie ihrer Hündin eine Trennung nicht antun wollen, auch wenn sie sich schon gedacht hätte, dass das eine mit dem anderen zusammenhängen könnte.

Die Tierärztin Irmgard Baumgartner, die gemeinsam mit Ruediger Dahlke „Das Tier als Spiegel der menschlichen Seele" schrieb, veröffentlicht in diesem Buch mehrere Berichte über Tiere aus ihrer Tierpraxis, die erkrankten, weil ihre Menschen Probleme hatten. Der Kleintierarzt Rolf Kamphausen und Gisa Genneper berichten in ihrem Buch „Wenn Tiere ihre Menschen spiegeln" von einigen Fällen aus ihrer Praxis mit deutlichen Parallelen zwischen der Krankheit des Tieres und der seines Menschen.

Es ist nicht so, dass unsere Tiere uns ständig und in allem spiegeln. Aufgrund ihrer oft starken Bindung zu uns, ihrer Liebe und ihrer offenen Art übernehmen sie allerdings einiges freiwillig oder auch unfreiwillig von uns. Aber nicht alle übernehmen alles. Das Spiegelprinzip trifft hundertprozentig auf einen selber zu. Das heißt, wie man seine Umwelt sieht und was man erlebt, spiegelt immer die eigenen unbewussten und bewussten Haltungen wider. Das Spiegelprinzip bedeutet allerdings nicht, dass alles, was mich umgibt, von mir bewusst oder unbewusst geschaffen wurde. Wir können zwar einiges erschaffen, aber nicht alles. Auch wenn sich aufgrund des Resonanzprinzips „Gleich und Gleich" anziehen, bleiben es trotzdem immer zwei eigenständige Lebewesen mit ihren eigenen Themen und Lebenswegen. Ob das die Chefin, der Partner, das Kind, die Nachbarin, das Tier oder ein Freund ist. Objekte wie der Kontostand oder das Auto lassen sich wesentlich leichter beeinflussen als Subjekte wie Menschen und Tiere. Je stärker das Gegenüber innerlich ist, desto weniger kann man auf ihn physisch oder energetisch einwirken. Wenn jemand etwas hat, heißt das nicht unbedingt, dass er es ausschließlich wegen mir hat. Das kann sein, aber es kann genauso gut auch aufgrund seiner eigenen Themen geschehen oder mit familiären, kollektiven oder anderen Einflüssen zu tun haben. Deshalb ist nicht jede Handlung und nicht jede Erkrankung von anderen Lebewesen ein Spiegel von uns. Auch wenn es immer ein Spiegel für uns ist.

Weil andere Lebewesen, auch die von uns abhängigen, selbst-bestimmte Persönlichkeiten sind, können auch kranke Tiere durch medizinische und alternative Behandlungen wieder dauerhaft gesund werden, ohne dass die Halterin oder der Halter bei sich etwas verändert. Beispiele dafür findet man beispielsweise bei den Fallberichten bei www.AkupunkturTierarzt.de unter „Tierbesitzer" und bei www.Tierheilpraktiker.de unter „Tierheilkunde".

Die Gründerin des „Bundesverbandes Tierkommunikation", Karina Heuzeroth, schrieb in einem Artikel: „Nur sehr wenige Tiere geben ihre eigene Persönlichkeit völlig auf, um zu einhundert Prozent den Menschen zu spiegeln, dem sie nahe sind. Sie haben immer auch ihre eigenen genetischen, systemischen oder anderweitig im Leben erworbenen Themen, die Krankheiten verursachen." (9)

Auch wenn nicht alle Tiere etwas von ihren Menschen übernehmen, kommt ein energetisches Übernehmen von Problemen trotzdem öfter vor, als es den Halterinnen und Haltern lieb ist. Das kann in unterschiedlicher Ausprägung passieren. Manchmal ist es auch nur ein **„Als-ob-Spiegeln"**. Damit bezeichne ich den Fall, wenn ein Tier an der gleichen Stelle, die bei seinem Menschen krank ist, zwar nicht krank ist, aber diese Stelle anzeigt. Zum Beispiel, indem es sich dort auffällig zu lecken beginnt, obwohl organisch nichts feststellbar ist.

Lösungsansätze bei der 2. Art

1. Der naheliegendste Ansatz, der aber nicht immer einfach zu machen ist: Zu versuchen, selber psychisch und körperlich gesund zu werden und ein harmonisches Leben zu führen, so dass ein Tier erst gar nicht Disharmonien ausgesetzt ist.

Das kann beispielsweise erreicht werden mit den einfach zu erlernenden und anzuwendenden Methoden des MET-Klopfens, mit systemischen Aufstellungen, mit Reiki, bei Schmerzen mit Liebscher-Bracht und anderem mehr. Zu diesen Methoden findet man im Internet viele Bücher und Videos.

2. Bitte unbedingt abklären, ob nicht Verspannungen, Schmerzen oder Erkrankungen bei dem Tier die Ursache für dessen Körper- und Verhaltenssymptome sind.

Eine ehrenamtliche Mitarbeiterin eines Tierheims: „Ich kann inzwischen nicht mehr zählen, wie oft ich in den zehn Jahren meiner Tätigkeit im Tierheim erlebt habe, dass Katzen abgegeben wurden, weil sie unsauber waren und bei denen sich bei der tierärztlichen Untersuchung im Tierheim als Ursache dafür eine massive Blasenentzündung herausstellte."

„Meine Tochter hatte sich einen Kater geholt, er tat ihr leid, weil er sich dort oft versteckte. Bei ihr war er am Anfang sehr scheu. Ein paar Tage später dachte Anni, sie müsse doch mal in sein Mäulchen gucken. Da war das totale Chaos mit geschwollenem Zahnfleisch und so. Alle Zähne bis auf zwei mussten raus. Seitdem ist er putzmunter und sehr anhänglich."

Manche Tierpsychologinnen und Trainer beginnen aus diesem Grund erst gar nicht mit einer Beratung, bevor nicht abgeklärt ist, ob das Tier eine Erkrankung, Schmerzen oder Verspannungen hat.

Auch wenn dem Körper wichtige organische Bausteine fehlen, kann es zu Verhaltensänderungen oder Erkrankungen kommen. Bei uns Menschen kann zum Beispiel allein das Fehlen von Vitamin D zu depressivem Verhalten führen.

Auf einer wochenlangen Sommerwanderung quer durch Deutschland wurde ein Pferd immer ungehaltener. Die Halterin konnte sich das nicht erklären. Sie bekam den Tipp, doch mal abzuklären, ob es genug Basisstoffe wie Mineralien und Vitamine bekäme. Ihr wurde nahegelegt, auch zu überprüfen, wie es mit dem Salzhaushalt steht, denn durch das viele Bewegen und Schwitzen könnte das Pferd eine Unterversorgung damit haben. Sie organisierte als erstes einen Salzleckstein, an den es sofort dranging. Danach war es wieder so emotional ausgeglichen wie immer.

3. Durch Verhaltens- und Traumaexpertinnen und -experten abklären lassen, ob es sich bei dem Tierverhalten um die Folge eines alten Traumas handelt, ehe man sich selbst als Ursache für das Problem sieht.

4. Man kann dem Tier vermitteln, dass es bitte nicht das Problem von mir oder einem anderen mittragen soll.

Ich lernte eine Frau kennen, die sich konstruktiv für ihre eigenen Muster durch die Verwicklungen in ihrer Familie verantwortlich fühlte. Sie wollte nicht noch zusätzlich zu ihren Problemen ein vom Mithelfen krankes Tier. Deshalb gab sie ihrem mithelfen wollenden Tier immer mal wieder klipp und klar zu verstehen, dass sie es definitiv nicht will, dass es sich gut gemeint in ihre eigenen Probleme und Familienverstrickungen einmischt. Die wären allein ihre Sache und es könne deshalb dabei auch nicht helfen, sondern würde ihr dann nur im Weg stehen. Sie bat es, es solle stattdessen am besten einfach sein eigenes zufriedenes Leben führen. Wenn es ihm gut geht, würde ihr das am meisten helfen. Es hielt sich an ihren Appell.

Da das Übernehmen von Lasten auf der unbewussten Ebene abläuft, reicht es nicht aus, das nur verbal auszusprechen. Solche Bitte muss beim Unterbewussten des Tieres, also auf der Energieebene ankommen. Das kann zum Beispiel bei einer schamanischen Reise oder bei einer systemischen Aufstellung erfolgen.

5. Bei dieser Spiegelart wäre eine systemische Aufstellung oder eine Tierkommunikation möglich, um zu erfahren, worin die Ursache eines Problems liegt und um die Sicht des Tieres auf das Problem kennenzulernen.

Bei einer Aufstellung werden auf einer Meta-Ebene die Ursachen und Zusammenhänge eines Problems sichtbar. Die werden während einer Aufstellung auch gleich geheilt und aufgelöst. Wird das Innere geheilt, verändert sich auch das Äußere zum Positiven. Denn innere unbewusste Einstellungen und Blockaden spiegeln das wider, was im Äußeren gesehen wird und was man sich dadurch im Äußeren kreiert.

Bei einem Verdacht auf ein Spiegelphänomen bei einer entstandenen Erkrankung oder einer neu auftretenden Verhaltensbesonderheit könnten dem Tier bei einer Tierkommunikation folgende Frage gestellt werden: „Was meinst du, was ist die Ursache für das Problem?" Diese Frage würde man sowohl dem Tier als auch dessen Seele stellen. Denn die Seele erkennt oft noch mehr Zusammenhänge als die Persönlichkeit. Weitere Fragen könnten sein: „Hat das Problem mit deinem Menschen zu tun?", „Mit seiner Erkrankung? Mit seinen Problemen? Mit seinen Gefühlen? Mit seinen Gedanken?", „Worauf möchtest du ihn aufmerksam machen?", „Was ist die Botschaft hinter deiner Veränderung?", „Was würde dir helfen?", „Was brauchst du?", „Was müsste sich ändern?"

Ein 6. Lösungsansatz: Sollte ein Tier eine innere Disposition zum Übernehmen und Spiegeln haben, dann sollte man ihm eine Heilung dieser Überempfänglichkeit ermöglichen.

Eine Frau hatte drei Katzen. Wenn sie wegen Mehrarbeit oder Stress erschöpft und überfordert war, nahmen das ihre beiden innerlich ausgeglichenen Katzen hin. Ihr Kater, der schon durch mehrere Hände gegangen war, konnte dagegen nicht gut mit ihrer Schwäche umgehen, denn ihm erschien das dann gleich so, als sei seine Basis in Gefahr. Wenn sie nicht mehr sein Fels in der Brandung sein konnte, reagierte er nach kurzer Zeit mit Überforderungsanzeichen, die ihre Problematik der Überforderung wegen ihrer Mehrarbeit spiegelten. Seine Verhaltensveränderung brachte sie wiederum noch mehr in Überforderung, sie spiegelte damit auch ihn wider.

Spiegeln kann in beide Richtungen gehen, denn das Spiegelgesetz gilt universell für alle. Bei einem **„Pingpong-Spiegel-Effekt"**, wie ich diesen Vorgang nenne, wird sich ein Problem gegenseitig hin und her gespiegelt, oft in sich steigernder Symptomatik und ansteigender Verzweiflung. Es kann mit zwei Wochen der Überforderung durch zu viel Arbeit anfangen und nach zwei Monaten kann sich das hochgeschaukelt haben, weil das Tier von der längeren emotionalen Unterversorgung und dem damit für ihn einhergehenden Stress krank geworden ist. Für eine nun nötige, aufwendige Pflege hat man aber erst recht keine Kraft mehr, weshalb es dem Tier noch schlechter geht und man mit ihm zum Tierarzt muss. Am Schluss hat man hohe Tierarztrechnungen und ist oft am Ende der emotionalen und körperlichen Kräfte.

Was könnte man vorher tun? Die Frau mit den drei Katzen könnte bei sich gucken, wie sie aus ihrer immer wieder aufflackernden Überforderung in eine ausgewogene innere Ausgeglichenheit käme, sodass sich ihr Kater nicht mehr verunsichert fühlen würde. Er würde dann zwar weiterhin sein Trauma aus früheren Zeiten behalten, aber es würde nicht mehr durch sie angetriggert werden und ausbrechen.

7. Der andere, grundsätzliche und deshalb nachhaltige Lösungsansatz wäre, wenn man dem Tier ermöglichen würde, sein Trauma mit alternativen Methoden zu heilen oder einen neuen, für ihn besseren Umgang mit dem Problem zu finden.

Letzteres könnte individuell über Training oder erklärende Tierkommunikationen erfolgen. Eine Möglichkeit zur Auflösung unbewusster persönlicher, familiärer oder karmischer Verstrickungen ist neben der systemischen Aufstellung auch die schamanische Arbeit.

Die Frau würde ihren Kater dabei unterstützen, seine emotionalen Kindheitswunden zu heilen und aufzulösen. Damit wäre er emotional so stabil wie die anderen zwei emotional gesunden Katzen. Er würde sich damit nicht mehr wie ein Fähnchen in ihrem Wind fühlen, sondern könnte dann auf ihre vorübergehenden emotionalen Böen genauso souverän reagieren wie ihre beiden anderen Katzen.

Sind die Zusammenhänge erkannt, können sie aufgelöst werden. Dann hat das genaue Hinsehen beim Wachsen geholfen.

8. Eine Tierkommunikation machen oder machen lassen, um partnerschaftlich das betroffene Tieres zu fragen, wie es die ganze Sache sieht.

Da unter „Spiegeln" ganz Unterschiedliches verstanden werden kann, würde man bei der Frage: „Können Sie mein Tier fragen, ob es mich spiegelt?" als Erstes nachfragen, was mit dem Synonym „spiegeln" denn genau gemeint ist. In der Regel wandelt sich dann die Ursprungsfrage zu einer konkreten Frage nach dem Grund einer Krankheit oder nach dem Grund eines Verhaltens, also: „Weshalb bist du krank geworden?" oder „Weshalb bist du so unruhig beim Ausritt?"

Eine Frau wollte von mir bei einem Anruf wissen, ob es denn sein kann, dass die Nervosität ihrer Hündin ein Spiegel für ihre eigene Nervosität sei? Denn sie selber sei in einer privaten Situation, die sie gerade völlig verrückt mache und ihre Hündin würde nun auch verrückt spielen. Bei dem Tierkommunikationstermin per Foto veränderte die Halterin auf meine Bitte hin ihre Erstfrage: „Spiegelt sie mich mit ihrem Verhalten?" hin zu einer konkreten Frage ohne Synonym: „Weshalb bist du so unruhig?" Die Antwort der Hündin kam sofort: „Ich muss raus!!" Sie übermittelte mir, sie wäre so unruhig, weil sie kaum noch rauskäme. Ich fragte ihre Seele, „wie siehst du das alles?" und die meinte: „Das ist ihr´s. Wir sind sicher." Damit meinte sie, dass das, was gerade lief, ein Problem der Halterin war. Die Hündin ergänzte den letzten Satz ihrer Seele: „Sie", also ihre Halterin, „sagt, dass wir sicher sind, egal was kommt." Ich gab der Frau die Informationen am Telefon durch und die meinte dazu: „Das stimmt, ich sage mir immer wieder laut als Trostmantra: ´Wir sind sicher, egal was kommt.´ Ich bin in der Probezeit und will die Arbeitsstelle unbedingt haben. Deshalb bin ich auch so kribbelig. Aber wenn ich diese tolle Stelle nicht bekomme, wären ich und meine Hündin mit dem Arbeitslosengeld abgesichert. Das Dumme ist, ich bin krankgeschrieben, weil ich mir etwas am Fuß getan habe. Deshalb schaffe ich jetzt auch nur noch viermal täglich mit meiner Hündin langsam für eine Viertelstunde vor die Tür zu gehen. Vorher waren es jeden Tag drei Stunden freies Laufen durch Wälder und Wiesen." Nach dem Gespräch engagierte sie eine Dogwalkerin und innerhalb kürzester Zeit war ihre Hündin wieder die alte, also ausgeglichen und zufrieden, währenddessen sie weiterhin wegen ihrer Arbeitsstelle nervös war.

Findet man die genauen Gründe für ein Problem heraus, wird es leichter sein, die dazu passende Lösung zu finden.

Die 3. Art des Spiegelns

Das Projizieren der eigenen Annahmen auf ein Tier und dadurch dessen Verhalten verkehrt interpretieren

Der Begriff „etwas zu spiegeln" kann bedeuten, dass ich nicht mein Gegenüber sehe, sondern nur meine Projektionen auf ihn und auf sein Verhalten. Er ist nur die Projektionsfläche meiner Annahmen.

Im Prinzip ist das Umfeld ständig ein Spiegel der eigenen Ansichten und das Abbild der eigenen bewussten und unbewussten Glaubenssätze. Denn man sieht nur das, was man aufgrund seiner Prägung zu sehen vermag und für möglich hält. Das gilt sowohl im positiven als auch im negativen Sinn. Deshalb können fünf Hundetrainer zu dem Verhalten eines Hundes fünf unterschiedliche und sich sogar grundsätzlich widersprechende Meinungen und Ansätze haben und trotzdem hält jeder seine Sicht für wahr. Dabei bilden ihre inneren Projektoren ihre eigenen Glaubenssätze wie einen Film auf den Hund ab. Die Trainer denken, was sie auf ihrer über den Hund gestülpten Leinwand sehen, ist der reale Hund. Aber was sie sehen, sind nur ihre nach außen hin projizierten inneren Bilder und Ansichten. Erst wenn der innere Film und damit die Projektion aufhört, erkennt man wirklich sein Gegenüber.

Ein Beispiel: Ein Hund hat etwas angestellt, sein Mensch sieht ihn deshalb wütend an und sagt etwas zu ihm im scharfen Ton. Der Hund dreht seinen Kopf zur Seite weg und sieht nach unten. „Er hat es kapiert, denn er schämt sich", könnte der Mensch nun dessen Verhalten interpretieren und damit seine Ansicht auf ihn projizieren.

Dabei bedeutet in der Verhaltenssprache von Hunden das seitliche Wegdrehen des Kopfes beziehungsweise des Körpers sowie das Wegsehen ein klassisches Deeskalationsangebot an das Gegenüber. Ein Hund denkt dann nicht an eine von seinen vielen zurückliegenden

Handlungen, sondern versucht auf sozialem Weg, die derzeit schlechte oder sogar bedrohliche Laune des Gegenübers nicht noch durch direktes Ansehen zu befeuern. Das machen wir Menschen auch so. Bei einem wütenden Gegenüber senken wir ebenfalls den Blick und den Kopf, um den Blick auszuweichen, drehen ihn leicht zur Seite oder fangen an, auf die Tasse oder etwas anderes zu blicken. Dieses Verhalten hat bei uns ebenfalls nichts mit Schämen oder einem Schuldeingeständnis zu tun. Das Übertragen der eigenen Annahmen passiert nicht nur im privaten und beruflichen Bereich, sondern auch bei gesellschaftlichen und politischen Geschehnissen. Im Talmud steht: „Wir sehen die Dinge nicht, wie sie sind, sondern wir sehen sie, wie wir sind."

In der klassischen, rund einhundertjährigen Psychologie wird dieser Vorgang als „Projektion", „Spiegelung" oder „Übertragung" bezeichnet. Alle Menschen haben innere Projektionen und reagieren deshalb besonders schnell auf Reize, die in das eigene Projektionsschema passen. Um zu verdeutlichen, wie enorm subjektiv die Wahrnehmung ist und wie viel komplett ausgeblendet wird, gehe man einmal mit acht Bekannten auf eine Party und fragt sie nach zwei Stunden, was sie erlebt und gefühlt und gegessen haben. Jede Person wird, obwohl sie auf die gleichen Menschen, das gleiche Büfett, die gleiche Musik und die gleiche Situation traf beziehungsweise hätte treffen können, etwas ganz anderes als die anderen erlebt und getan haben. Aufgrund dieser erstens so unterschiedlichen Wahr-nehmung von Gleichem und zweitens dem sehr individuellen Umgang damit, entstehen auf der Welt die unterschiedlichsten Lebensweisen, Rezepte, Musikrichtungen, Gartengestaltungen, Wohnungseinrichtungen, Religionen, Gesellschaften, Werte und Berufe. Trotz der Fülle des Vorhandenen und der Fülle aller Möglichkeiten kann immer nur das erfahren werden, wofür ein Individuum, ein Volk oder auch eine Landschaft die Resonanz besitzt. Sowohl die bewussten als auch die unbewussten Anteile spiegeln sich im Äußeren wider. Das heißt, sowohl das Bewusste als auch das Unbewusste sind an der Wahrnehmung, an der Bewertung und an den darauf folgenden Handlungsimpulsen beteiligt. Für das Bewusstsein des Alltags können eine tolle Arbeitsstelle bei einem Handwerksunternehmen und ein griechisches Restaurant stimmig sein. Das Unterbewusste ist aber ebenfalls fleißig. Das richtet sich, je nach Veranlagung, auf der Arbeitsstelle oder im Restaurant beispielsweise eher darauf aus, Fehler zu finden oder das Gute zu sehen. Bei einem reflektierten, geheilten Unbewussten werden Ereignisse eher positiv bewertet. Das führt zu Freude und Glücksempfindungen. Bei verdrängten, destruktiven Anteilen werden Personen, Tiere und Situationen eher negativ bewertet. Die Situation, das Tier, das Gegenüber sind wie sie sind, aber sie werden verschieden bewertet, so wie alles im Leben.

Die Probleme, die Projektionen mit sich bringen, können allerdings dafür genutzt werden, um die inneren, noch unerlösten Schattenseiten zu erkennen. Man kann gegen sie ankämpfen, aber man kann sie auch als liebevolle Einladung zur Reflexion, zur Heilung und damit zur Ganzwerdung sehen. Die Umwelt ist ein Projektionsfeld, es spiegelt unsere negativen und positiven unbewussten und bewussten Ansichten wider. Das betrifft den Kontostand, die Beziehung, eine Erkrankung, die Wohnung, der Umgang mit Tieren, das Essverhalten, die Arbeitsstelle oder verschiedene Handlungen. Inwieweit der Kontostand und das eigene Körpergewicht die eigenen Auffassungen widerspiegeln, ist im Buch „Klopfen Sie sich reich" von Rainer Franke und „Wünsch dich schlank" von Pierre Franckh gut nachvollziehbar.

Das Untersuchen der eigenen Projektionen kann viel Stress bei einem selbst und bei der Begegnung mit anderen herausnehmen. Schon so manches Problem löste sich nach dem Anwenden des Spiegelprinzips plötzlich in Luft auf. Durch die Spiegelmethode kann eine große Persönlichkeitsentwicklung in Gang kommen, weil die Botschaften hinter dem, was einem passierte und passiert, endlich

44

entschlüsselt werden. Auch die Geschenke hinter Begegnungen und Geschehnissen können dadurch erkannt werden.

Im Prinzip kann man jeden Menschen und jedes Tier als erleuchtetes Wesen sehen, das nur deshalb mit mir zusammenkam oder zusammenkommt, um mir den Spiegel vorzuhalten. Damit ich sehen kann, an welcher Stelle ich bei mir etwas heilen oder verändern könnte, um dadurch noch mehr in mein wahres Potenzial zu kommen. Die, über die ich mich aufrege oder mit denen etwas nicht klappt, sind dabei genauso wichtig wie die, die mich mit ihrer herzlichen, unterstützenden Art weiterbringen und mir meine vielen positiven Anteile spiegeln. Was, wenn wir in einer Welt leben, in der wir uns alle gegenseitig, der Chef genauso wie der Wellensittich, auf unsere Bedürfnisse, Schwächen und Stärken aufmerksam machen? Was, wenn wir uns alle gegenseitig lehren und so zur Entfaltung unserer Potenziale anregen?

Mehr zu dieser Sichtweise bei Wikipedia unter dem „Vier-Seiten-Modell" von Friedemann Schulz von Thun und bei www.Carola-Baum.de, außerdem auf den Websiten, in den Videos und Büchern von Louise Hay und Byron Katie, insbesondere in deren Buch „The Work – Lieben was ist". „The Work" basiert auf den vier Fragen, die man sich zu einem Gedanken stellt: 1. „Ist das wahr?", 2. „Kannst du mit absoluter Sicherheit wissen, ob das wahr ist?", 3. „Was passiert, wenn du diesen Gedanken glaubst?", 4. „Was wärst du ohne diesen Gedanken?" Mit diesen Fragen können Gedanken und Aussagen auf ihren Wahrheitsgehalt untersucht werden. Stimmt eine Vermutung nicht, dann wird auch die Handlung schräg, die aufgrund der falschen Annahme getätigt wird.

Wie kommt es zu einer Projektion?

Einem Menschen passiert etwas. Dessen Emotionen fragen in den Körper hinein: „Ich brauche etwas, um mit meinem Schrecken, meiner Angst, den inneren Schmerzen umzugehen, sonst breche ich zusammen. Was können wir unternehmen?" Die Psyche schlägt daraufhin die drei Möglichkeiten der Verdrängung, der Verleugnung und der Abspaltung vor. Das Abspalten von Gefühlen wird im jahrtausendealten, weltweit verbreiteten Schamanismus „Seelenanteile verlieren" genannt, in der modernen Medizin „Dissoziation", das heißt auf Deutsch „Spaltung". Solch eine Abspaltung von Persönlichkeitsanteilen ist nicht bewusst steuerbar. Durch diese Möglichkeit wird ein Überleben selbst in hoffnungslosen Verhältnissen gesichert, bei denen die normalen Anpassungsstrategien nicht mehr greifen. „Was nehmen wir? Verdrängung, Verleugnung oder Abspaltung?" – „Egal. Hauptsache, es geht schnell!" Nach einer kurzer Zeit merkt man: „Puh, das hilft. Das ist schon eine prima Sache." Nach einer Weile spürt man: „Hm, ich werde dadurch gefühlsärmer und gefühlskälter. Oh je, das ist aber ein ganz schön hoher Preis dafür, dass wir das Problem erst einmal in Griff bekommen haben und diese bedrängende Situation irgendwie aushalten und damit weiterleben können. Es hilft, auch wenn die unterdrückten, un-aufgelösten Gefühle durch diese Methode nicht weggehen. Sie blubbern weiter vor sich hin und bei bestimmten Reizen zeigen sie sich plötzlich wieder. Dann geht es mir schlecht oder ich flippe aus. Unterschwellig habe ich immer Angst, dass sie irgendwann mal ganz hochkommen. Ich male es mir in meiner Vorstellung so schlimm aus, dass ich glaube, dass ich das nicht aushalten könnte und mich dann auflöse oder etwas ganz Schlimmes mache. Deshalb brauche ich dringend etwas, was das alles unten im Keller eingesperrt hält." Das Ego antwortet darauf: „Das darf nicht sein, dass wir uns auflösen und nicht mehr vernünftig auf den Alltag reagieren können und damit unsere Existenz gefährden." Das Über-Ich stimmt zu: „Wir können nicht riskieren, dass, wenn wir austicken, irgendjemanden etwas Schlimmes antun."

Also wird die zweite Stufe eingeleitet, in der alles so stark verdrängt wird, dass man entweder das Ganze vergisst oder die Zusammenhänge zwischen Damals und Jetzt gekappt werden. Es kann sogar ein neuer Film erschaffen werden mit der Umdeutung: „Meine Eltern haben immer alles für mich getan." oder mit einer sogenannten dissoziativen Übertragung: „Das ist damals nicht mir passiert, sondern meinem Freund." Selbstzerstörungs- und auch Selbstbestrafungsimpulse werden durch gefährliche Fahrstils, selbstzerstörerische Ernährungs-weisen oder Hobbys ausgelebt, bei Fremdzerstörungsimpulsen greift man zum Streit, zu Hasskommentaren und zu Mobbingattacken.

Die westliche Kultur und die Psychotherapie sieht das „Ego" als Teil der Psyche. Die Psyche wird erstens aus dem Unbewussten, das auch als ES bezeichnet wird, zweitens dem Gewissen, das Über-Ich genannt wird, und drittens dem Ego gebildet. „Ego" heißt im Lateinischen „ich". Das Ego ist wichtig, denn es hat die Aufgabe, abzuwehren, dass sich die Wahrnehmung von sich selbst als Individuum zum Beispiel bei schweren traumatischen Erlebnissen auflöst und man dann nicht mehr richtig reagieren kann und deshalb nicht mehr überlebensfähig ist. Das Ego sorgt in solchen Fällen für das überlebenswichtige Weiterfunktionieren. Später, selbst wenn man aus dem Gefahrenbereich heraus ist oder schon einiges geheilt hat, wird es versuchen, alles, was damit zusammenhängt, zu unter-drücken, dem auszuweichen oder zu sabotieren. Das ist aus der Sicht der Psyche richtig, deshalb steht das auch so in der Stellen-beschreibung des Egos drin. Das Ego soll dem Gesamtorganismus helfen. Mit seinen Vermeidungs- und Widerstandtaktiken will es nur erreichen, dass die Kisten im Keller nicht aufgehen. Die Gefahr besteht beispielsweise bei aufkommenden Liebesgefühlen, wenn man wem widersprechen möchte, etwas für sich machen möchte, Anerkennung für seine Leistungen will oder man seinen Herzenswünschen folgen möchte.

Ganz allgemein kann man sagen, dass ein Lebewesen, das in der frühen Kindheit Probleme mit dem Vater hatte, später Probleme mit Autoritäten haben wird. Dann triggern Lehrer, Politiker, Gesetze, Finanzamtregeln, Ärzte, Gott, Mainstreammeinungen,

Tempobegrenzungen, Vorschriften und Abgabetermine an. Gegen die zieht man zu Felde, umgeht sie oder überschreitet sie nach dem Motto: „Ich lasse mir doch nichts sagen!" Dabei bekämpft man im Äußeren das, was eigentlich im inneren Keller in der Kiste mit der Aufschrift „Unbewusstes" rappelt. Gab es in der frühen Kindheit Probleme bezüglich der Mutter, dann entstehen eher Beziehungsprobleme. Die können sich in Problemen zu sich selbst, zum eigenen Körper, in Freundschaften, auf Arbeit, im Verein, zum Tier oder in Liebesbeziehungen ausdrücken.

Die Instanz des Egos ist gut und notwendig zum praktischen und emotionalen Überleben. Es steht allerdings im Weg, wenn es um das spirituelle Ziel geht, sich vollständig als Teil des Großen Ganzen, als Ozean zu fühlen und sich dem Einssein hinzugeben. Man ist als Lebewesen immer ein individueller Tropfen im Ozean und zugleich auch der Ozean, in dem es keine Individualität, sondern nur noch Einssein gibt. Manche haben dieses tiefe Gefühl des Einsseins täglich, manche nur einmal im Leben. Der Job der Ego-Instanz ist es, alles dafür zu tun, dass ein Auflösen nicht passiert, egal ob das nun durch ein traumatisches oder durch ein spirituelles Erlebnis geschieht. Deshalb kann sich diese innere Instanz auch zur Abwehr gegen unser Selbst richten. Unser wahres Selbst trägt in sich das Wissen, dass wir zwar individuelle Tropfen im Ozean sind, aber gleichzeitig auch der Ozean. Das Ego kann in dem Fall Gegenargumente, das Kleinreden und die Sabotage einsetzen. In der spirituellen Entwicklung sind die Aktivitäten des Egos nicht mehr hilfreich, sondern hemmend. In östlichen Philosophien wird in der Regel nur für diese Behinderung des spirituellen Bestrebens der Begriff des „Ego" verwendet.
Wie sich ein Mensch, eine Gruppe oder eine Kultur das Universum vorstellen und ob es da ein Nichts oder Engel, Fülle und Paradiese oder Höllen gibt, Engel, Entitäten, Götter oder Göttinnen, das ist ein Abbild unserer kindlichen Prägungen beziehungsweise Projektion. Als Individuen stimmen wir einem kollektiven Abbild zu oder

lehnen es ab. Die einen denken, dass es mitten im Universum Göttinnen und Götter oder einen einzelnen Mann gibt, der für alles zuständig ist, andere schütteln über solche und andere Vorstellungen nur den Kopf. Zu dem Bild eines liebevollen oder aber eines strafenden Gottes sagte der Philosoph Voltaire: „Laut der Bibel schuf Gott uns nach seinem Ebenbild. Und dann gab der Mensch das Kompliment an ihn zurück." Die Vorstellung eines strafenden Gottes, der penibel Verfehlungen gegen neun Verbote registriert, wird von immer mehr Menschen abgelehnt. Eine Vorstellung vom Universum als Ort der Fülle oder die in vielen alten, oft matriarchal geführten Kulturen auf dem asiatischen, afrikanischen, mitteleuropäischen und amerikanischen Kontinent vorherrschende Vorstellung einer gütigen Göttin, die für die Natur und alle ihre Kinder wohlwollend sorgt, tut dagegen den meisten gut.

Eine Zeit lang klappen die drei Möglichkeiten der Verdrängung, der Verleugnung und der Abspaltung ganz gut. Aber irgendwann sagt sich der Mensch: „Ich habe ein neues Problem. Wenn etwas von dem Alten in mir hochkommt, weil es gereizt und angetriggert wird, dann verletze ich andere Menschen, die Tiere oder die Natur durch meinen Rückzug oder durch meine Aggression oder ich halte mich dann nicht mehr an die gesellschaftlichen Regeln und Werte. Ich will das gar nicht! Das tut mir eigentlich leid. Außerdem fühle ich mich dann immer so schuldig. Aber wenn ich damit aufhören soll, hieße das ja, dass ich den Ursprung dessen, nämlich meine unterdrückten Gefühle ansehen und heilen müsste. Davor habe ich mittlerweile eine unvorstellbare Angst! Deshalb geht das Ansehen nicht. Aber wie kann ich mit den echt unangenehmen Gefühlen umgehen, die ich habe, wenn mir andere sagen, wie sehr ich sie verletze, und wenn ich mir bewusst werde, wie ich immer mehr gesetzliche und gesellschaftliche Regeln überschreite?" Die Psyche beratschlagt sich kurz mit dem Ego, dem Ich, und sie sagen dann zum Über-Ich, dem Gewissen: „Sorry, tut uns leid, aber das ist nun mal wichtiger ...", und schlagen dann die Möglichkeit einer Projektion vor. Das Wort „projizieren" heißt so viel wie „hinauswerfen, fortschleudern". Diese Methode geht so: „Nicht mehr ich bin der Schuldige, sondern die anderen. Ich sage einfach: ´Weil du mich so gereizt habt, deshalb reagiere ich so. Hättest du mich nicht gereizt, dann wäre ich weiterhin ein friedliches, ehrbares Mitglied der Gesellschaft geblieben.´" Nach einer Weile sagen die Emotionen: „Das klappt ja super! Jetzt können wir ungestraft alles rauslassen. Und haben sogar noch eine richtig gute Begründung dafür, weshalb wir das dürfen!" Aus dem Opfer wird ein Täter. Später stellen sie fest: „Weil ich immer explodiere, kann ich nicht mehr implodieren. Es lebt sich jetzt viel leichter. Auch die Schuldgefühle sind zurückgegangen. Also diesbezüglich ist alles super. Aber die Beziehungen sind auch zurückgegangen. Mist. Aber dann ist das eben so, wenn ich das Alte aus den Kisten nicht hochblubbern lassen will. Dann tröste ich mich eben mit viel Arbeit oder mit Materiellem oder mit exzessivem Sport oder einem Haustier oder Essen." Nach einiger Zeit wird bemerkt: „Ich habe immer noch die zugenagelte Kiste im Keller und jetzt habe ich außerdem noch eine neue Kiste voller Schuldgefühle, weil ich mittlerweile so viele andere verletzt habe. Das jemals wieder zu richten, werde ich nie schaffen, denn jeden Tag kommt was dazu. Also bleibt mir nur ein Weitermachen. Denn ein Zurück schaffe ich nun nicht mehr."

Am Ende des Lebens, wenn man zurückblickt auf sein Leben, erkennt man, dass man sooooo viel Energie auf die Unterdrückung verwendet hat, und dabei wäre nur ein Bruchteil dessen für das Auflösen und Heilen nötig gewesen. Es hätte so viel Hilfe dafür gegeben. Beispielsweise die Aufstellungsarbeit, das MET-Klopfen, Reiki, „The Work", die Quantenheilung, die Spiegelmethode und viele andere Heilmethoden. Manche hätte man sich kostenlos im Internet oder in einem Kurs für dreihundert Euro aneignen können und damit dann die alten Themen auflösen können, so wie man den Kleiderschrank entrümpelt. Man hätte beim Heilen festgestellt, dass man die ursprünglichen Ängste beim Öffnen der Kisten gar nicht mehr fühlt oder zum Auflösen nicht fühlen muss, weil sie einfach verschwinden. In den Kisten sitzen keine Hulks mit Handgranaten drin, sondern blasse Kinder, die einfach jahrelang nach Aufmerksamkeit und Hilfe und Trost gerufen und gebettelt haben. Man nimmt sie in die Arme und das Herz fließt vor Liebe über und man denkt: „Ihr Armen, wieso habe ich mich nicht eher um euch gekümmert?" Man erkennt, dass man all die Probleme im Leben nur deshalb gehabt hatte, weil sie unten im Keller und man selbst oben im großen Wohnzimmer gelebt hat. Jetzt sieht man die leeren Kisten und wie hell der Keller geworden ist und fühlt eine innere Befreiung und ein neues Glück. Man sagt zu den Kindern, die schon viel gesünder aussehen: „Jetzt lade ich euch ins Wohnzimmer ein und dort wohnen wir für immer zusammen."

Auf ein auffälliges Verhalten sollte man weder bei Menschen noch bei Tieren mit Druck, Härte, Zwang oder Dominanz reagieren, denn das erhält oder verstärkt das Trauma und damit das Verhalten. Was heilt und hilft, ist Vertrauen aufbauen, überfordernde Grenzen respektieren, Sicherheit geben und Liebhaben. „Trauma" heißt im Griechischen „Wunde". Da es eine emotionale Wunde ist, braucht man für deren Heilung Methoden, die Einfluss auf gestaute Körperenergien und Gefühle nehmen können. Effektive Traumatherapien sind: Akupunktur, Aufstellung, Reiki, Bioresonanz, Matrix-, Theta- und Quantenheilung, Shiatsu, „Die Kraft der Acht" von Lynne McTaggert, MET-Klopfen, Bachblüten, Tellington-Touch, craniosacrale Behandlungen und andere. Mehr zum Thema Trauma, den verschiedenen Arten und Lösungsansätze zu jeder Art stehen auch in meinem Buch „Tierkommunikation". Manchmal kann sich der Weg der Heilung über Monate oder Jahre hinziehen und genauso gut kann es auch schnell gehen. Dann löst sich eine jahrelange Stauung nach einer einstündigen Behandlung auf. In der Psychotherapie heißt es: „Jeder, der ein Trauma überlebt hat, hat auch die Kraft, es zu heilen." Das Heilen ist in unseren Zellen angelegt.

Ist es klar, dass man bei im Außen erscheinenden Probleme am besten erst einmal in seinem Keller nachsieht, welcher in der Kindheit unbewusst erlernte Glaubenssatz dazu passt, dann führt das zu einer Heilung von bisher unterdrückten Gefühlen und zu einem Frieden mit sich selbst. Man kommt weg von der Projektion hin zur Selbstreflexion, von einem ständigen Spiegeln zu einer inneren Integration, vom Unterdrücken zur Lebendigkeit. Damit verändert man sich selbst und die Bedingungen für sein Tier gleich mit.

Die Öffnung für das Spiegelprinzip lässt die äußere Welt zu einem Schatz werden, den man heben möchte. Jedes im Außen erscheinende Problem lädt dann zu einem augenöffnenden Hinterfragen ein. Es stellt sich immer öfter ein Gefühl von Frieden und Vitalität ein. In solch einem angenehmen energetischen Klima können sich auch unsere Tiere entspannen und gesunden.

Lösungsansätze bei der 3. Art

1. Notwendige Veränderungen für das Tier ermöglichen
Ein Mensch kann sich mit seiner Art ganz offen im Tier widerspiegeln. Diese Form des Spiegelns ist schon seit Jahrhunderten bekannt und drückt sich zum Beispiel in dem alten Sprichwort „Wie der Herr, so das Gescherr." oder in dem neueren Spruch „Wie die Frau, so der Wauwau." aus. Ein Gescherr ist das altertümliche Wort für ein oder zwei Tiere, die in einem Geschirr laufen, also vor einem Wagen oder einem Pflug angeschirrt sind.
Zwei Beispiele dazu: Ein aggressiver Mann holt sich einen tapsigen Schäferhundwelpen und bildet diesen gezielt zum aggressiven Kampfhund aus.
Eine Frau kämmte schon als Mädchen nur zu gern ihre Barbiepuppen und Barbiepferde. Dementsprechend holte sie sich als Erwachsene eine Perserkatze, deren langes Fell sie nun jeden Abend bürstet. Sie redet ganz offen über ihren Spleen, wegen dem für sie ein Tier mit kurzem Fell nie infrage gekommen wäre. Die Katze genießt diese tägliche Bürstenmassage sehr. Beide gewinnen also bei diesem Spiegelverhalten der Frau.
Wenn das Spiegelverhalten des Menschen dem Tier nicht guttut, dann muss sich entweder der Mensch ändern oder das Tier muss ein neues, artgerechtes Zuhause bekommen. Wenn die Eigenart des Menschen das Tier nicht weiter stört oder sogar gefällt, dann kann alles so bleiben.

2. Seinen eigenen Blick auf das Tier hinterfragen.
Gerade bei einer beginnenden Erkrankung oder beim Älterwerden werden die Probleme des Tieres oft verdrängt. Auch wenn das nicht immer leicht ist, sollte man sich trotzdem in solchen Situationen

ehrlich fragen, ob man nicht gerade unangenehme Wahrheiten von sich wegschiebt. Ja, man wird durch Krankheiten und dem Älterwerden an die nicht so schönen Dinge wie zusätzliche Mühen, Kosten und den Abschied erinnert. Aber wenn man nichts tut, dann wird man sich später immer Vorwürfe machen, weshalb man sein Tier unnötig leiden ließ, wo doch zu der Zeit Medikamente oder ein paar Schmerzmittel schon geholfen hätten. Die Tiere leiden sowieso schon an ihren langsam einsetzenden Erkrankungen, aber durch die Verdrängung ihrer Menschen wird es doppelt so schlimm. Erstens wird dadurch keine Rücksicht auf die veränderten Befindlichkeiten genommen und zweitens werden die meist guten Chancen einer Behandlung oder einer Schmerztherapie verschenkt.

Wegen der Verdrängung wird keine Hundematratze für die mittlerweile alten Knochen gekauft, denn „er hat ja immer auf dem Teppich gelegen."

Eine Frau meinte, als sie erfuhr, dass ihr alt gewordener Hund fast blind sei und einen Weg, einen Laternenpfahl oder Treppen nicht mehr erkennen könne: „Ach, ich dachte, das wäre Sturheit gewesen, wenn er nicht mehr weitergehen wollte. Ich habe ihn natürlich weitergezogen. Man soll ja Hunde nicht auf seiner Nase herumtanzen lassen."

Es wird, obwohl der Hund oder das Pferd schon langsamer geht, immer noch die gleiche, lange Runde gelaufen wie früher.

Eine Bekannte machte ihre Freundin mehrmals darauf aufmerksam, dass deren Hund wahrscheinlich Schmerzen hat. Die Bekannte wischte ihre Bedenken jedes Mal lachend weg. Die Bekannte bat: „Lasse das bitte untersuchen." – „Du nun wieder." Ein Jahr später ging bei dem Hund nichts mehr. Endlich wurde er dem Tierarzt vorgestellt. Er hatte Arthrose im Hüftbereich, und musste schon seit Langem Schmerzen gehabt haben. „Ach, hätte ich doch nur auf dich gehört. Aber ich habe nur das gesehen, was ich sehen wollte."

3. Reflektieren.

Dafür wird empfohlen, sich im ersten Schritt über diesen Vorgang erst einmal klar zu werden. Im nächsten Schritt akzeptiert man, dass man mit jedem gedachten „Der da ist …“, „Die da machen …“ wahrscheinlich gerade seine eigenen Ansichten auf andere projiziert. Im dritten Schritt kann die Selbsterkenntnis hinter der Projektion entschlüsselt werden. Eine Möglichkeit zur Entschlüsselung wäre, bei einer Aussage, einem Vorwurf oder einer Bitte anstelle eines „die“ oder eines „du“ ein „ich“ einzusetzen.

Ein Beispiel: Eine Frau macht sich Sorgen um ihre Katze: „Sie kommt am Abend nicht nach Hause, deshalb mache ich mir Sorgen um sie. Ich möchte gern, dass sie abends immer hereinkommst, so dass ich beruhigt sein kann.“ Das „sie“ wird mit einem „ich“ aus-getauscht und dann wird versucht, die neue Aussage „Ich komme am Abend nicht nach Hause.“ zu entschlüsseln. Vielleicht kommt die Frau in ihrem inneren Haus, also bei sich selbst nicht an, sondern ist in Gedanken oft draußen bei der Arbeit oder beim Fernsehen? Die Aussage könnte aber auch bedeuten, dass sie gern ihren inneren Ruf folgen würde und sich dadurch auch in ihrem Leben zu Hause fühlen würde. Aber anstatt etwas dafür zu tun, verplempert sie jedes Mal die abendlichen Stunden mit irgendetwas Unbedeutendem. Oder fühlt sie sich abends zu zweit auf dem Sofa emotional nicht mehr in ihrer Partnerschaft zu Hause?

Der nächste Satz würde mit einem „ich“ anstatt einem „sie“ lauten: „Deshalb mache ich mir Sorgen um mich.“ Vielleicht ist dieser Satz die Einladung, mal genauer hinzuschauen, um was sie sich in ihrem Leben wirklich Sorgen machen sollte? Und sich um das Herausgefundene dann am besten umgehend zu kümmern? Der dritte Satz: „Ich möchte gern, dass ich abends immer zu mir nach Hause komme.“ Das könnte bedeuten, dass sie etwas verändert in ihrer Abendgestaltung, in ihrem Leben oder in ihrer Partnerschaft. Es könnte aber auch bedeuten, dass sie in einer neuen Sicht zu Hause sein möchte. Anstelle der bisherigen Ansicht, dass eine Katze so kommen muss, wie sie das für richtig hält, könnte sie in ihr ein freies Lebewesen mit eigenen Interessen, eigenen Wegen und Zeiten sehen. Der letzte Satzteil würde lauten: „So dass ich beruhigt sein kann." Was könnte die Frau beruhigen? Vielleicht ein Mini-GPS-Tracker am Katzenhalsband? In einer Tierkommunikation das Thema gemeinsam mit der Katze besprechen? Jeden Abend einen dicken Schutz und allzeit gutes Geleit für die Katze visualisieren?

Mehr zu dieser Vorgehensweise findet man im Buch „Die Schicksalsgesetze" von Ruediger Dahlke und im Buch „Mein Haustier spiegelt mich – Das Spiegelgesetz" von Christa Kössner.

Hier ist Raum zum Austesten dieser Lösung.

Dafür zwei, drei öfter gedachte oder gesagte Vorwurfs- oder Wünsche-Sätze aufschreiben und dann kann man „sie" oder „er" durch „ich" ersetzen – und schon weiß man, wo man den Hebel effektiv ansetzen kann. Einfach mal kurz ausprobieren …

Ein häufig von mir gedachter Vorwurf ist:

4. Lösungsansatz: Annahmen auf ihren Wahrheitsgehalt untersuchen.
Ein anderer Lösungsansatz bei Projektionen, die ja eher die eigenen Auffassungen als die Realität widerspiegeln, ist, genau zu untersuchen, inwiefern die geäußerten Annahmen wirklich zutreffen. Das können Erwartungen, gedankliche Schlussfolgerungen, Einstellungen zu einem Thema, Glaubenssätze und Sichtweisen sein. Es macht Sinn, alle eigenen Mutmaßungen genau zu überprüfen, denn sie bestimmen die eigenen Gefühle, Gedanken und damit das Verhalten gegenüber anderen und der Welt. Wenn die dann gar nicht stimmen würden, dann wäre es doch sehr schade. Man sollte auch Annahme von anderen überprüfen, die zu einem gesagt werden, bevor man sie übernimmt und zu seinen eigenen macht.

Um Annahmen von sich selbst und von anderen auf den Grund zu gehen, kann man sich fragen: „Ist das wirklich wahr?", „Kann ich mir sicher sein, dass diese Aussage wahr ist?", „Was, wenn das Gegenteil wahr ist?", „Warum denke ich so etwas?", „Was passiert mit mir und mit meinem Gegenüber, wenn ich meine Annahmen auf ihn projiziere?" und „Wie wäre es, wenn ich mich meinem Gegenüber einfach mal mit der gegenteiligen Einstellung nähere?"

Die Frau würde sich bei diesem Lösungsansatz fragen: „Warum muss die Katze denn abends bei mir sein? Ist das wahr, muss sie das? Woher kommt diese Regel? Wieso stelle ich solche Regeln überhaupt auf? Wieso denke ich, dass meine Katze etwas machen soll, das ich für richtig halte? Auch bei meinem Mann denke ich so. Und beim Wetter. Und an mich selbst habe ich auch immer irgendwelche Forderungen. Wie ich aussehen sollte, wie die Wohnung aussehen sollte, was ich sagen sollte, was ich tun sollte …

Wie fühle ich mich, wenn ich so etwas erwarte? Oder versuche, das durchzusetzen? Oder anfange zu manipulieren oder meine Zuwendung zu entziehen, wenn ich das nicht durchgesetzt bekomme? Was passiert dann mit mir und mit meinem Gegenüber? Möchte ich das? Wie wäre es, wenn ich mich meiner Katze und meinem Mann mit einer neuen Einstellung nähere?"

Zu diesem Ansatz findet man Anleitungen bei den Methoden „The Work" nach Bryon Katie und der „Gewaltfreien Kommunikation" nach Marshall Rosenberg.

5. Eine Art, mit beschränkenden Sätzen in Selbstgesprächen umzugehen, ist, eine lösungsorientierte Frage zu stellen.
Zum Beispiel: „Was kann ich trotzdem machen?"
Einige Beispiele für die Umwandlung von einer begrenzenden zu einer selbstermächtigenden Sicht durch diese Frage:
Von „Das Pferd wird das gleich wieder machen." dadurch umschwenken zu: „Wie kann ich, wenn das jemals passieren sollte, darauf am besten reagieren?"
Von: „Ich werde das nie lernen. Es ist zu kompliziert." zu: „Auch wenn ich nicht alles verstehe, wer kann das schon, möchte ich aber gern dies und jenes wirklich begreifen. Also wo finde ich jemanden, der mir das so richtig bildlich-praktisch erklärt?"
Von: „Das wird ja sowieso nichts." zu: „Was kann ich konkret Schritt für Schritt tun, damit es was wird?"

6. Man kann sich die Frage stellen: „Was hat das mit mir zu tun?"
Löst das Verhalten oder die Eigenschaften eines Tieres, eines Menschen oder eines Ereignisses Gedanken oder Gefühle bei einem aus, lohnt es innezuhalten und sich zu fragen: „Was könnte dieser Gedanke und dieses Gefühl mit mir zu tun haben?" Dadurch kommt man weg von der Projektion hin zur Selbstreflexion.
Ein Beispiel: Das häufige Bellen meiner aufgenommenen Hündin drückte bei mir natürlich die Knöpfe. Also setzte ich mich eines Tages hin und spürte in mich hinein, was dieses Bellen in mir auslöste. Meine ständig wiederkehrenden Gedanken, wenn sie laut wurde, waren: „Wie kann ich ihr helfen?" und „Ohne ihr Bellen könnte unser Leben jetzt so schön sein!" Meine ständig wiederkehrenden

Gefühle bewegten sich zwischen Hilflosigkeit, Verzweiflung, Ohnmacht, Liebe und Hoffnung. Ich spürte noch tiefer hinein. Und plötzlich sah ich unter dieser Symptomschicht mein eigentliches Problem: „Der Schritt war zu groß!" Susis Aufnahme fühlte sich so an, als hätte ich nach dem ersten Schritt drei Schritte ausgelassen und gleich beim fünften weitergemacht. Bekanntes verlassen und in Unbekanntes hineinwachsen – das kann ich. Aber wichtige Schritte überspringen, so als würde ich als Nichtschwimmerin eben noch im knietiefen Wasser stehen und dann plötzlich im tiefen Wasser sein, das macht mich hilflos. Ich brauche es eins nach dem anderen, Schritt für Schritt. Dann schaffe ich alles.

Nun spürte ich auch in die Lage von Susi hinein. Der Wegzug aus dem Tierheimbüro mit den netten Frauen hatte ihr den festen Boden des Vertrauten unter den Pfoten weggezogen. Für sie war das viel zu schnell gegangen. Der Umzugsplan hatte gut geklungen, aber die Realität war dann doch etwas anderes gewesen. Wir hätten den Ortswechsel lieber mit noch mehr Vorbesuchen machen sollen.

Ihre und meine Bedürfnisse waren gleich gewesen – spiegelgleich. Nach dieser Reflexion war ihr Bellen nicht weg, aber meine Gefühle beruhigten sich, weil ich jetzt wusste, was uns beiden fehlte: Der zweite, dritte und vierte Schritt. Als wir die nachgeholt hatten, wurde unser Leben schön ruhig und angenehm.

Mehr zu diesem Ansatz bei Louise Hay, bei Byron Katie und bei Friedemann Schulz von Thun in seinem „Vier-Seiten-Modell".

7. Man kann die Perspektive auf ein Problem, ein Verhalten, ein Tier und eine Erkrankung ändern und dadurch vom Frust zur Dankbarkeit kommen. Von Fehlern zur Fülle. Drei Fragen helfen dabei:

I.   Woran hindert es mich?
II. Wozu zwingt es mich?
III. Was ermöglicht es mir? Wozu lädt es mich ein?

Diese drei Fragen können zu allen Lebensproblemen gestellt werden.

Haben Sie gerade ein Problem, das Sie beschäftigt?
Dann probieren Sie doch mal einen Perspektivwechsel aus:

I.   Woran hindert es mich?

II. Wozu zwingt es mich?

III. Was ermöglicht es mir? Wozu lädt es mich ein?

Die 4. Art des Spiegelns

Die gleichen Grundthemen haben

Der Begriff des „Spiegelns" wird ebenfalls verwendet, wenn zwei Lebewesen aufgrund sehr ähnlicher Grundschwingungen zum Teil gleiche emotionale und körperliche Probleme haben. Sie haben dann zwar ein spiegelgleiches Verhalten, gleiche Symptome oder gleiche Fähigkeiten, aber weniger, weil sie sich gegenseitig spiegeln, sondern weil sie schon unabhängig voneinander ähnlich gelagerte emotionale und körperliche Probleme mitbringen. Die drücken sich in dem von Anfang an gleichen Verhalten aus, beispielsweise in Vorsicht. Oder in den gleichen Körpersymptomen wie immer wiederkehrende Bauchprobleme durch einen noch nicht aufgelösten inneren Stress.

Dann liegen bei Baulärm Katze und Mensch mit einem Bauchproblem flach, welches aber jeweils die Folge der eigenen Vergangenheit ist.

Das Gute an solcher Konstellation ist: Man kann die Probleme des Gegenübers leichter nachvollziehen und man hat einen ähnlichen Weg der Heilung vor sich.

Der Unterschied zwischen der 2. und der 4. Art ist: Bei der 2. Art gleichen sich die Energien im Laufe der Zeit aneinander an, bei der 4. lernt man sich schon mit einer gleichartigen Energieschwingung kennen.

Ein Mädchen, das mit ihren Eltern am Tierkommunikationsseminar teilnahm, lebt mit einer Katze zusammen. Die Katze meinte im Gespräch, ihr würde helfen, wenn das Mädchen ihr über den Rücken streicheln würde, wenn sie Angst hätte. Dann würde ihre Angst verschwinden. Das Mädchen war damit quasi eine Katzengefühle-Heilerin. Das Mädchen wiederum erzählte uns, ihre Katze würde ihr helfen, wenn sie Angst hat. Dann kommt sie und legt sich zu ihr und schnurrt. So lange, bis ihre Angst weg ist.

Die Katze ist also quasi eine Mädchengefühle-Heilerin. Die Mutter meinte, dass die beiden von Anfang an vom Typ her fast so ähnlich wie Zwillinge sind.

Wenn zwei eine ähnliche Ausgangsschwingung haben, dann fühlen sie sich beim Kennenlernen zueinander hingezogen. Das hängt mit dem Resonanzprinzip zusammen. So werden sich zwei, die das gleiche ungelöste Lebensthema im Energiefeld haben, einander unbewusst anziehen. Diese tiefste Wunde kann beispielsweise das Thema Verlust, Verrat, Angst oder Einsamkeit haben. Infolge des Resonanz- beziehungsweise Spiegelprinzips kann sich beispielsweise das Unterbewusstsein einer traumatisierten Frau wie magnetisch von einem Mann oder bei einer Aufnahme eines Tieres von einem Tier angezogen fühlen, die beide ebenfalls ein Trauma haben. Die Gesichter sind verschieden, aber die energetische Ausstrahlung und auch die mitgebrachten Probleme sind gleich. Spiegelgleich.

Es gehen aber nicht nur Problemschwingungen wie ein Trauma in Resonanz, sondern natürlich auch spiegelgleiche „Good Vibrations". In diesem Fall hängt eine starke Anziehung meist damit zusammen, dass man die gleichen Lebensziele hat. Die können erst im Laufe der Beziehung ans Licht drängen oder sie können schon vor der Begegnung gelebt werden. Es gibt viele Seelen in menschlichen und tierischen Körpern, die sich auf Erden treffen, um gemeinsame Projekte zu verwirklichen. Das kann in einem Mensch-Mensch-Team in Form einer dicken Freundschaft oder einer Partnerschaft sein oder als Tier-Mensch-Team. Beispielsweise als Therapiepferde oder Rettungshunde, die mit ihren Menschen zusammenarbeiten. Kommen zwei Gleichschwingende zusammen, dann entfalten sich deren Potenziale infolge des Synergieeffektes wesentlich schneller.

Das äußerlich sichtbare Verhalten oder der Typ kann von völlig unterschiedlich reichen bis dahin, dass sie sich ausgesprochen ähnlich verhalten. Weil man aber innerlich vom gleichen Holz ist, gleicht sich darum auch häufig, aber nicht immer, der Umgang mit Problemen im Leben. So wie die Katze und ihre Menschenfreundin auf Stress wegen Baulärm beide mit einer Bauchsache reagierten. Da das Merkmal dieser Spiegelart ist, dass beide von Anfang an die gleichen Grundthemen im Leben haben, passiert ihnen auch relativ häufig das Gleiche.

Eine Frau hat eine Katze und einen Kater. Der Kater hat eine schwere Bauchspeicheldrüsenerkrankung. Es sieht schlecht für ihn aus. Er sagt in der Tierkommunikation gleich als Erstes, dass er sehr traurig ist. Er vermisst einen Kater. Der war für ihn so ähnlich wie ein großer Bruder und eine Stütze. Er hat die Katze und die Frau und den Mann lieb. Aber zu dem Kater fühlt er sich hingezogen. Viel mehr als zu ihr und den Mann. Zu dem Kater hin ist eine sehr starke Sehnsucht, aber nicht zu der neuen Katze. Die ist nett, aber seinem Herzen egal. Anders als der Kater! Die Frau sagt mir, sie hat selber auch Pankreasinsuffizienz. Es heißt, die Bauchspeicheldrüse steht sinnbildlich für die „Süße des Lebens". Bei ihr und bei dem Kater müssen die Enzyme, die in der Bauchspeicheldrüse gebildet werden, nun von außen zugeführt werden. Sie fragt ihn, ob ihre Pankreasinsuffizienz mit seiner Pankreasinsuffizienz zu tun hat? Er sagt: „Aber warum denn – ich fühle mich doch zum Kater hingezogen! Und du zu deiner Familie!" Sie hat, nachdem sie die Diagnose bekam, gekämpft, deshalb möchte sie von ihm wissen, ob er auch für sein Leben kämpfen will? Er sagt: „Alle anderen sind drüben. Ich habe hier niemanden mehr. Ich bin der Letzte. Es macht mir keine Freude mehr hier allein. Deshalb will ich hinterher. Du hast gekämpft, weil du noch Familie hier hast. Deshalb will ein großer Teil von dir auch hierbleiben. Auch wenn es dich zu deiner anderen Familie hinzieht. Aber mich hält hier nichts mehr. Mich zieht alles zu meinen anderen Gefährten hin. Die Trauer in mir und die Krankheit ist der Ausdruck meiner Sehnsucht.

Deshalb kann man mir nicht helfen. Du konntest dir helfen, weil du hier noch wen hast. Bei mir sind alle drüben." Seine Seele meint: „Wir wollen den anderen folgen. Wir sind eine Gruppe und wir gehören zusammen." Die Frau möchte von ihm wissen, ob sie noch irgendetwas versuchen soll oder ob sie nichts mehr machen soll? Er wünscht sich, dass er zu den anderen kann.

Sie erzählt mir, dass ihre Mutter und ihre Schwester vor einiger Zeit verstorben seien, und wenn sie nicht ihre Familie gehabt hätte, wäre sie den beiden in den Himmel gefolgt. Vor einer Weile sind ihre zwei Katzen und vor einem halben Jahr noch ihr Kater verstorben. Das war der Kater, den der kranke Kater als seine Stütze ansah. Die vier lagen immer zusammen auf dem Bett.

Lösungsansätze bei der 4. Art

1. Mithilfe einer systemischen Aufstellung oder einer Tierkommunikation kann man erfahren, was die Ursache des Problems ist und wie das Tier das Problem sieht.

2. Da die Symptome des Tieres nicht wie bei der 2. Art zwangsläufig mit seinem Menschen zusammenhängen, sondern eher aufgrund eines eigenen zu meisternden Lebensthemas entstehen, wäre eine weitere Möglichkeit, sein Tier bei dessen Bewältigung zu unterstützen. Bei einem gegenseitigen Unterstützen wird man Dankbarkeit fühlen und spüren, wie sehr das Leben ein Tanz der Liebe sein kann. Einer Liebe, die in allem wohnt.

III. Die fünf Arten des nicht-persönlichen Spiegelns

Im vorherigen Kapitel ging es um die Einflüsse durch die Halter und Halterinnen oder anderer Bezugspersonen auf ein Tier. Die nenne ich „das persönliche Spiegeln".

In diesem Kapitel geht es um die Einflüsse der anderen Ebenen, in denen ein Individuum ebenfalls eingebettet ist. Das sind die unpersönlichen Ebenen. Dazu gehört die karmische, die familiäre, die kollektive, die geomantische und die kosmische Ebene. Aus denen heraus ist ein Spiegeln genauso möglich. Es lohnt sich, auf der Suche nach der Ursache einer Erkrankung oder einer Verhaltensauffälligkeit auch in diesem Bereich nachzusehen.

Die verschiedenen Ebenen sind wie eine Torte mit mehreren Schichten. Alle sind gleichzeitig vorhanden und wirken in verschiedenen Stärken auf ein Individuum ein.

1. Das Spiegeln karmischer Einflüsse

Das Karma ist die Geschichte der Seele. In Laufe ihrer vielen vergangenen Inkarnationen kommt da Einiges zusammen. „Karma" ist Sanskrit und bedeutet „Tat", „Handlung" oder „Wirkung".
Es heißt, die Seele plant zusammen mit den Universellen Instanzen und anderen Seelen, die sie treffen möchte, ihr nächstes Leben. Zur Konzeption gehören die Fragen: In welche familiären und gesellschaftlichen Zusammenhänge möchte ich kommen? Wen möchte ich wiedertreffen? Wo ist noch etwas offengeblieben? Was sollte passieren, damit ich etwas lernen oder für andere tätig sein oder reifen kann? Was möchte ich tun? Was möchte ich für mich und andere erreichen? Wo möchte ich für etwas Größeres tätig werden?
Das ist in etwa so, wie wir in unserem realen Leben unsere gegenseitigen Besuche, die Urlaube, unsere Ausbildungen, Arbeitsplätze und Umzüge planen. Dabei ist die Persönlichkeit der ausführende Part für die Pläne der Seele.
Auch die Seele meiner Hündin Susi saß wohl vor ihrer Inkarnation auf einer Himmelswolke und blätterte in den Reisekatalogen mit den Titeln „Als was wollen Sie in Ihrem nächsten Leben wohin und mit welchen Zielen reisen?" Sie dachte sich damals wahrscheinlich: „Also in den ersten zwei Dritteln von diesem Leben mache ich dies und das mit meinem geliebten Herrchen und im letzten Drittel gönne ich mir ebenfalls etwas Nettes. In dem Leben werde ich es mir so richtig gut gehen lassen. Erst bei ihm und dann danach. So etwas ist auch mal wichtig. Hach ja, ich werde mich verwöhnen lassen." Denn egal, wann ich sie nach ihren Seelenaufgaben fragte, kam von ihr immer: „Ich möchte mich einfach nur wohlfühlen." und „Eigentlich keine." Sie schien sich für ihre Lebensphase bei mir ein Urlaubsleben gebucht zu haben. Was sie auch bekam.

Mithilfe der Tierkommunikation kann man die Seele eines Tieres befragen, um die Zusammenhänge hinter manchen Geschehnissen zu erkennen. Hier einige karmische Gründe, die Tiere äußerten:

~ „Wir haben einen eigenen Seelenplan."

Eine Katze erzählte einer Kollegin, aus welchem Grund sie so früh verstorben sei: Sie sei eine „Time-Surferin". Ihre Seele geht in einen Körper, ist dann kurz da und leuchtet hell und macht alle selig. Dann verlässt sie wieder den Körper. Sie inkarniert sich wieder, macht alle glücklich und verabschiedet sich dann. Und so weiter und so weiter. Das macht sie nun schon seit vielen Leben so.

~ „Wir haben auch noch andere Verabredungen."

Ein Hund meinte: „Hier ist alles getan. Ich muss los." Er zeigte mir, dass jemand im Himmel auf ihn wartete. Weil sie von dort gemeinsam weitergehen wollten, musste er nun hier auf Erden los.

~ „Das ist ein Ausgleich", der frühere, karmische Geschehen betrifft.

Eine Hündin wurde leicht angefahren. Der Autofahrer war sehr betroffen. Er blieb im Kontakt mit dem Halter, fragte immer wieder nach, bezahlte alle Tierarztkosten umgehend und war überglücklich, als sie wieder gesund war. Die Seele der Hündin meinte zu dem Unfall, sie und der Autofahrer kannten sich schon aus früheren Leben, in denen sie Gefährten gewesen waren. Sie seien sich in diesem Leben wiederbegegnet, weil sie etwas Altes klären wollten. Der feinfühlige Halter sah sich in seiner Wahrnehmung bestätigt, denn er hatte schon die ganze Zeit das Gefühl gehabt, dass der Vorfall nicht mit ihm zusammenhängen würde, sondern mit den beiden.

~ „Wir bringen unsere eigenen Seelenaufgaben mit."

Am Anfang meiner Selbstständigkeit, als ich über Zusammenhänge noch nicht so viel wusste wie heute, sollte ich mit einem Hund sprechen, der einen schnell entstandenen, nicht operierbaren Krebs hatte. Die Halterin wollte wissen, „ob sie ihm da irgendetwas übertragen hätte?" Der Hund antwortete: „Nein, das ist unabhängig von dir. Ich brauche die Krankheit in diesem Leben, um eine für mich wichtige Erfahrung zu machen." Um sicherzugehen, dass ich das richtig verstanden hatte, bat ich darum, die Aussage durch eine Kollegin überprüfen zu lassen. Mit der Erlaubnis der Frau fragte ich eine Frau, die schamanisch arbeitet, ob sie den Hund nach der Ursache seiner Erkrankung befragen könne. Eine Schamanin arbeitet meist auf der Seelen- und der karmischen Ebene. Obwohl wir ihr vorher nichts erzählten, bekam sie von dem Hund das Gleiche. Die Halterin meinte, dass sie die Möglichkeit einer Übertragung eigentlich auch für unwahrscheinlich gehalten hatte, denn sie selbst hätte nur ein paar Kleinigkeiten.

Das sind nur vier Beispiele, in diesem riesigen Universum gibt es noch viel mehr Gründe, weshalb Seelen in einer Inkarnation krank oder verhaltensauffällig werden oder zu einem bestimmten Zeitpunkt und auf eine bestimmte Art sterben. Zu diesen Zusammenhängen weiß die Seele mehr. Sie kann entweder mithilfe einer telepathischen Kommunikation befragt werden oder man erfährt die Details bei einer Re-Inkarnationsreise, einer systemischen Aufstellung oder einer schamanischen Reise.

2. Das Spiegeln familiärer Einflüsse

Claudia wollte eine Aufstellung, weil ihre mehrjährige Hündin Merle seit ihrer Welpenzeit immer wieder krank war. Merle war mit ihrer Hundemama bei einer Frau aufgewachsen und Claudia hatte Merle von ihr übernommen. Mehr Infos gab Claudia erst einmal nicht.

Die Aufstellungsmethode ist eine Möglichkeit, um Ursachen und Zusammenhänge sichtbar zu machen. Bei Aufstellungen für Tiere sieht man sich, wie bei Aufstellungen für Menschen, sowohl das Herkunftssystem mit den biologischen Eltern und Vorfahren an als auch das Gegenwartssystem. Hat das Tier in weiteren Systemen gelebt, die für das Problem relevant wären, dann würde man diese ebenfalls miteinbeziehen.

Zu Beginn wurden Merle sowie die „Krankheit" und die „Gesundheit" aufgestellt. Zu der Krankheit hatte sie eine große Resonanz, zu der Gesundheit keine.

Dann wurden Merles Mama und Papa als Herkunftssystem, dem ersten System eines jeden Lebewesens, in die Aufstellung hineingenommen und in die Beziehung zwischen ihr und ihrer Mama hineingespürt. Bei der Mama war deutlich eine Kraftlosigkeit zu bemerken, aufgrund dessen sie Klein-Merle und ihren anderen Welpen nur begrenzt etwas geben konnte. Die Beziehung zwischen Merle und ihrem Papa war nur rudimentär vorhanden. Er war nicht für Merle da, sondern stand am Rand des Familiensystems. Die Mutter vom Merles Mama, also Merles Großmutter, wurde dazugestellt, um zu sehen, ob die Mama von der mütterlichen Linie her genug Kraft und Liebe bekommen hatte, die sie als Mutter dann weitergeben kann. Leider hatte die Großmutter auch schon diese Kraftlosigkeit. Die fühlte sich an, als wenn sie emotional zerbrochen war als Mutter. Sie teilte mit: „Immer wieder Kinder. Und alle wurden mir immer wieder weggenommen."

Als Nächstes wurde auf das zweite System mit der Züchterin gesehen. Da duckte sich Merle sofort weg, hatte große Angst und fühlte sich ganz schwach.

Im dritten System mit Claudia, der jetzigen Halterin, und Merle war alles in Ordnung, die Liebe floss satt zwischen den beiden hin und her.

Das war die Ausgangssituation. Claudia meinte, das stimme alles. Der Vater von Merle sei „nur ein Zuchtrüde von außerhalb" gewesen, der seine Kinder nie kennenlernte. Die Großmutter und die Mama sind Zuchthündinnen, die gebären mussten und deren Kinder jedes Mal verkauft wurden. Was die Züchterin mit Merle und ihren Geschwistern gemacht hat, dass Merle solche große Angst vor ihr hatte, das wisse sie nicht. Aber sie hatte bei der Frau sofort ein ganz ungutes Bauchgefühl gehabt und das Gefühl, dass sie die Welpen vor ihr beschützen müsste. Merle litt seit ihrer Welpenzeit unter Übelkeit, Erkältungen, lebensgefährlichen Krämpfen im Zwerchfellbereich und hatte dauerhafte Vaginalentzündungen. Claudia konnte sich vorstellen, dass die ständigen Vaginal- und Gebärmutterentzündungen damit zusammenhingen, dass sich Merles Körper vielleicht unbewusst dagegen wehrte, ebenfalls Kinder bekommen zu müssen.

Nun wurde mit verschiedenen Aufstellungstechniken an der Auflösung dieser Disharmonien gearbeitet. Danach war der Vater im Familiensystem integriert und hatte nun eine warme Verbindung zu seinen Kindern. Er sah stolz auf Merle und die anderen Welpen. Es floss auch wieder mehr Kraft von der Großmutter zur Mama und mehr Liebe und Kraft von der Mama zu Merle hin.

Die vorher für sie lebensbedrohlich wirkende Züchterin war am Ende auf Abstand und spielte für Merle keine Rolle mehr. Hier hatte es sich herausgestellt, dass Merles Verkrampfen im Zwerchfellbereich der symptomatische Ausdruck der alten Angst vor der Züchterin war. Durch Aufstellungsverfahren wurde sie angesehen und aufgelöst.

Nach 1. der Klärung von Merles Herkunftssystems mit ihren Eltern und Großeltern, 2. der Klärung des nächsten Systems von der Züchterfamilie und 3. dem kurzen Überprüfen des stimmigen Gegenwartssystems von Merle und Claudia wurde zum Abschluss wieder zur Krankheit und zur Gesundheit gesehen. Da hatte sich etwas deutlich verändert: Merle empfand die Krankheit nicht mehr als passend, die innere Resonanz zu ihr war weg. Dafür strahlte Merle die Gesundheit an und wollte zu ihr hin. Sie stellte sich neben die Gesundheit und fühlte sich dort absolut wohl. Das war das Schlussbild.

Claudia berichtete später, was danach passierte: „Als ich von der Aufstellung nach Hause kam, war Merles Verspannung und Verkrampfung im Brustbereich, die sie seit der Welpenzeit gehabt hatte, komplett weg!!"

Merle war ab da, bis auf Kleinigkeiten, nicht mehr krank. Ein Jahr später schrieb Claudia: „Merle geht es sehr gut, sie ist gesund!"

Gibt es in einem familiären oder beruflichen oder gesellschaftlichen System Druck, dann geht das jeden in dem System etwas an. Wer verhältnismäßig resilient ist, kann Druck relativ gut abpuffern, weniger resiliente Mitglieder reagieren stärker darauf. Ein Druck kann durch Ereignisse in den beruflichen und gesellschaftlichen Systemen, in der Herkunftsfamilie oder der Gegenwartsfamilie entstehen, beispielsweise durch Trennungen, Todesfälle, Krankheiten, Schuld, schwere Schicksale, Übergriffe oder Ungerechtigkeiten. Liegen diese Vorfälle in einer der Vorgenerationen und werden sie an die nächsten Generationen unverarbeitet weitergegeben, ist das eine „transgenerationale Traumaweitergabe". In der Psychoanalyse wird das auch „Gefühlserbschaft" und „transgenerationale Übertragung" genannt. In der Wissenschaft wird dieser Vorgang schon seit Mitte des letzten Jahrhunderts erforscht und ist auch bei Tieren nachgewiesen. (10) Der genaue Beobachter Sherlok Holmes meinte diesbezüglich: „Es gibt Menschen, Watson, die sich bis zu einem gewissen

Punkte normal entwickeln und sich dann mit einem Male vollkommen verändern. Man kann das öfter beobachten. Meiner Ansicht nach spiegelt sich in jeder Entwicklung eines Einzelwesens diejenige der ganzen Vorfahrenkette wieder, und ein plötzlicher Umschlag zum Guten oder zum Bösen stellt den Ausfluss aus der Reihe seiner Ahnen dar. Das Individuum wiederholt in gewisser Weise die Geschichten in seiner Familie." (11)

Bei einem Ereignis entstehen bei den Mitgliedern eines Systems als Folge davon unbewusste Handlungsmuster, die ihnen helfen, mit dem Problem im Feld und dem dadurch entstandenen Druck irgendwie umzugehen. Diese Reaktionsmuster haben die Einzelnen des Systems so lange, bis das systemische Problem gelöst ist und sich dadurch auch alle damit zusammenhängenden Auswirkungen bei allen Mitgliedern des Systems wieder auflösen können.

Diese acht unbewussten Reaktionsmuster sind:

„Man findet nicht den eigenen Platz" in der Familie, in der Gesellschaft, in Form eines Wohnortes.

„Man verzichtet auf das eigene Glück" beim Leid von Familienmitgliedern oder in Krisenzeiten mit dem Motiv des Ausgleichs: „Weil es dir schlecht ging oder geht, möchte ich nicht, dass es mir gut geht."

„Man projiziert etwas auf einen anderen." Dann schreibt man zum Beispiel einem Partner, Kind oder Tier unbewusst die unerlösten Eigenschaften und Taten eines Vorfahren oder eines Systemmitgliedes zu.

„Man möchte einem gewaltsam verstorbenen Familienmitglied in den Tod nachfolgen." Zum Beispiel durch riskante Hobbys oder gefährliche Fahrstile.

„Man geht in eine ´Bin ich ich oder bin ich du?´-Verwechslung", indem man die Rolle und damit die Probleme eines früheren Familienmitglieds übernimmt.

„Man verstrickt sich aus Loyalität zu einem anderen in Sachen, die nicht die eigenen sind." Wird jemand wegen schwerer Vergehen aus einem System ferngehalten oder sogar aus dem Familiensystem ausgeschlossen, dann verlässt oftmals ein Nachkomme seine eigene Position und übernimmt dessen Position, damit das System nicht wegen dessen Ausschlusses unvollständig ist.

„Man übernimmt etwas" und hat dann das Spiegelgleiche wie derjenige im System, der das Ursprungsproblem hat.

„Man versucht, das Leid eines anderen mitzutragen", weil wahrgenommen wird, dass etwas nicht stimmt und man zur Problembehebung beitragen möchte. Wenn das über ein normales, gesundes Maß hinausgeht, was in einem System mit langandauernden Problemen in der Regel der Fall ist, dann beginnt man irgendwann ebenfalls zu leiden oder krank zu werden.

Diese Handlungsmuster helfen den Einzelnen nur oberflächlich, meist bringen sie nur noch mehr Probleme in das System, weil alle acht Muster eine destruktive Auswirkung haben. So beeindruckend es zum Beispiel erst einmal klingen mag, wenn man hört, dass ein Mensch oder ein Tier als Reaktion auf ein disharmonisches System die Bürde von jemand anderen aus Loyalität oder aus Liebe mitträgt oder übernehmen will, so ist das, wenn der Hilfsbereite davon schwer krank wird, kein so guter Plan. In der ayurvedischen Medizin ist man laut dem „Ashtanga Hridaya", einem der drei wichtigsten medizinischen Lehrbüchern aus dem alten Indien, aus diesem Grund der Ansicht: „Eine Behandlung, die zwar lindert, aber früher oder später der Entstehung einer anderen Krankheit Vorschub leistet, ist nicht die richtige. Eine wahrhaftige Behandlung ist die, die eine Krankheit heilt, ohne eine andere hervorzubringen."

Die acht Verhaltensmuster, die über Jahrzehnte gelebt werden können, sind grundsätzlich immer wertzuschätzen, weil sie aus dem Bestreben heraus entstanden, Gutes bewirken zu wollen. Nur leider können sie das eigentliche Problem nicht auflösen, denn disharmonische Lösungsansätze vermögen nicht zu heilen. Damit die Mitglieder eines Systems das Thema und damit auch ihre Muster heilen können, braucht es konstruktive Impulse.

Findet man die genauen Gründe heraus, wird es leichter sein, die dazu passende Lösung zu finden. Die Ursache kann sich hauptsächlich auf der energetischen Seite befinden oder mehr auf der praktischen Seite oder auf beiden gleichermaßen. Diese beiden Seiten sind immer vorhanden, denn sie sind miteinander verwoben und beeinflussen sich unablässig gegenseitig. Die praktische Seite beinhaltet die Bereiche „Erziehung" – „Beziehung" – „Haltung" – „Heilung". Mehr zu diesen vier Bereichen steht in meinem Buch „Tierkommunikation" im Kapitel „Traumatisierte Tiere". Wie wichtig das Ansehen der praktischen Seite ist, stellte die Pferdetierärztin Dr. Veronika Klein im Laufe ihrer Arbeit immer wieder fest: „In der Regel werden Pferde krank wegen Fehler der Menschen, die entweder durch Unwissen oder Fehlinformationen entstehen." (12) Bei einer vorrangig energetischen Ursache, wie das bei der Hündin Merle in dem Bericht vorn der Fall war, schlug vom Praktischen her nichts grundsätzlich an, da brachte erst die energetische Arbeit die Lösung.

Haustiere reagieren genauso wie Menschen auf einen systemischen Druck. In der Aufstellungsarbeit ist deutlich zu sehen, dass Tiere nicht nur systemische Probleme und körperliche Disharmonien ihrer Eltern und Geschwister aus ihrer biologischen Herkunftsfamilie übernehmen, sondern auch die ihrer Menschen übernehmen können. Dem Herkunftssystem der eigenen biologischen Familie bleibt jedes Lebewesen sein Leben lang verbunden. Dazukommende Systeme wären beispielsweise die Systeme von ehemaligen und jetzigen Rudeln, Gruppen oder Herden sowie die Systeme von ehemaligen und jetzigen Halterinnen und Haltern beziehungsweise Besitzerinnen und Besitzern. Der Begriff „Halterin" und „Halter" wird eher bei einer familiären Beziehung verwendet, der Begriff „Besitzerin" und „Besitzer" eher im Zusammenhang mit einem als „Nutztier" angesehenen Tier, also einem Tier, das einen Nutzen bringt. Jedes Tier befindet sich genauso wie jeder Mensch immer in Systemen. Trotz des Eingebettetseins in systemische Felder hat ein Tier beziehungsweise ein Mensch aber immer noch sein eigenes persönliches Energiefeld.

In der Aufstellungsmethode wird zwischen „Familiensystemen" und „Arbeitssystemen" unterschieden. Arbeitssysteme haben teilweise andere Regeln als Familiensysteme. Die haben wir als Azubis, Studierende, Selbstständige und Angestellte meist nach einer Weile unbewusst oder bewusst bemerkt. Ein privates Verhältnis mit einem Tier würde unter ein Familiensystem fallen, ein Nutzverhältnis zum Tier unter das Arbeitssystem. Letzteres kann ein Landwirtschaftsbetrieb, ein Züchter, ein Zirkus, die Polizei mit ihren Drogenhunden und der Ponyhof und dessen Besitzerin sein.

Bei einer Aufstellung oder auch bei einem Psychodrama gehen Teilnehmende wie in einem Bühnenstück als Stellvertretende freiwillig empathisch in die Rolle der Klientin oder des Klienten oder in die Rolle seiner Erkrankung oder seines Problems. Diese Technik wird als „repräsentierende Wahrnehmung" bezeichnet. Bei Aufstellungstagen und -abenden ist es häufig so, dass man als Beobachtende oder Stellvertretende für einen kleinen Obolus oder umsonst daran teilnehmen kann. Auf diese Weise kann man die Aufstellungsmethode kennenlernen.

Eine systemische Aufstellung kann dabei helfen zu erfahren, worin die Ursache eines Problems liegt. Denn bei einer Aufstellung werden auf einer Meta-Ebene die Ursachen und Zusammenhänge eines Problems sichtbar. Die werden während einer Aufstellung auch gleich geheilt und aufgelöst. Innere unbewusste Einstellungen und Blockaden spiegeln sich sowohl bei Tieren als auch bei Menschen im Verhalten und in Erkrankungen wider. Wird das Innere geheilt, verändert sich auch das Äußere zum Positiven.

3. Das Spiegeln kollektiver Einflüsse

Das kollektive Spiegeln hat nicht mit einem Familiensystem zu tun, sondern mit kollektiven Gruppen. Das Kollektive wirkt dabei auf das Individuelle ein, genauso wie das Individuelle auf das Kollektive. Beides steht in einer Wechselbeziehung und beeinflusst und spiegelt sich beständig. Denn das Individuelle ist ein Teil des Kollektiven und das Kollektive ein Teil des Individuellen.

Das „Kollektivbewusstsein" wird auch als „Kollektivseele", „Artenbewusstsein" oder „Überseele" bezeichnet. Von manchen Völkern wird es, hier am Beispiel des Kollektivbewusstseins der Adler, als „Der Geist aller Adler", „Die Adlermedizin" oder „Die Adlerweisheit" genannt.

Das Kollektivbewusstsein ist der Sitz von impulshaften Handlungen und den instinktiven Reaktionen einer Tierart sowie das gesammelte kollektive Wissen dieser Art. Es ist auch die Quelle der Intuition. Es hat die Übersicht über einen sehr langen Entwicklungszeitraum. Das gesamte Wissen einer Tierart ist in seinem Kollektivbewusstsein wie in einer Cloud gespeichert. Jedes Tier dieser Art kann dieses Wissen anzapfen. Deshalb können junge Termiten meterhohe, hochkomplexe Bauten anlegen und jede Säugetiermutter beginnt, auch wenn sie das noch nie bei anderen gesehen hat, nach der Geburt sofort ihr Junges abzulecken.

Das „morphogene" beziehungsweise „morphogenetische Feld" ist weltumspannend und beinhaltet viele unterschiedliche, sich durchdringende Informationsfelder. In ihm sind unter anderem die einzelnen Gruppen- und Kollektivbewusstseine enthalten, zum Beispiel die von Familien, Rudeln, Firmen, Völkern und Tierarten. Der Biologe Rupert Sheldrake nannte es das „morphische Feld" und ging darauf auch in seinem Buch „Der siebte Sinn der Tiere" ein.

Dieses Feld wird unter anderem bei systemischen Aufstellungen und im Schamanismus kontaktiert.

Ein Beispiel für ein Spiegeln von kollektiven Zusammenhängen:
Eine Frau fand zusammen mit ihrer Mutter ein Katzenbaby. Sie nahmen es bei sich auf. Obwohl sie das Katerchen viel streichelten und alles für eine gute Sozialisation taten, blieb er ein Wildfang. Er kletterte die Gardinen und Regale hoch und konnte sich nicht wirklich für ihre Berührungen begeistern. Am Ende gaben sie ihn, weil sie merkten, dass er unglücklich war, zu lieben Bekannten aufs Dorf. Dort war er viel mehr draußen bei den anderen Katzen als drinnen bei den Menschen. Die beiden Frauen hatten zu Anfang gedacht, dass er sie vielleicht spiegeln könnte. Aber als er älter wurde und sich außerdem auf dem Hof genauso verhielt wie bei ihnen, wurde ihnen klar, dass sein Verhalten eher seine Herkunft spiegelt als sie.
Straßenhunde- oder Straßenkatzenkinder verinnerlichen das von ihren Müttern oder von ihrem Rudel seit mehreren Generationen weitergegebene Gebot „Abstand zu den Menschen halten!" Die frei lebenden Katzen sind in der Regel in und nach der Welpenzeit selten so zutraulich wie eine Hauskatze. Natürlich gibt es eine große individuelle Vielfalt innerhalb eines kollektiven Gefüges. Deshalb können verwilderte Katzen auch zu schmusigen Hausgenossen werden. Auch Mecklenburger sind bei Weitem nicht alle wortkarg und Schwaben nicht immer nur auf das Materielle bedacht.

Das Kollektive hat weniger mit individuellen Erlebnissen zu tun, sondern mit der kollektiven Cloud. So hatte das Katerchen keinerlei schlechte Erfahrungen mit Menschen gemacht, er war einfach grundlegend nicht menschen- sondern katzenbezogen. Diese kollektiven Grundsätze sind nicht unabänderlich, aber über die Generationen ziemlich fest verankert.
Ein älterer Herr erzählte mir einmal, dass er als Kind, das war vor dem Zweiten Weltkrieg, Schwäne und Enten gefüttert hatte.

Die kamen, sobald ein Mensch am Ufer stand, sofort an. In den Hungerjahren, als die Enten und Schwäne gefangen wurden und im Kochtopf landeten, begannen sie vor den Menschen zu flüchten. Er meinte, es brauchte viele Vogelgenerationen, die in Frieden gelassen und gefüttert wurden, bis die erwachsenen und die jungen Vögel wieder ankamen.

Früher sagte man, dass es bei einem menschlichen Familientrauma sieben Generationen braucht, bis es innerhalb der Familie weniger und weniger geworden ist und keine Rolle mehr spielt. Heute weiß man, dass solche Traumen jederzeit heilbar sind, beispielsweise durch Quantenheilung, MET-Klopfen, einer Familienaufstellung und anderes mehr. Bei einem kollektiven Trauma, das durch Naturbegebenheiten wie ein Erdbeben, Epidemien wie die Pest oder durch herrschergemachte Kriege entstehen kann, ist die Heilung komplexer. Es kann, zum Teil auch durch politisch Ausnutzende immer wieder verstärkt, über Jahrhunderte im Volk weitergegeben werden. Es kann sich aber genauso gut auch relativ schnell ändern, wie bei den Enten und den Menschen oder so wie das Verhältnis zwischen Frankreich und Deutschland selbst nach mehreren Kriegen seit Jahrzehnten ganz entspannt ist. Wenn viele Menschen im Urlaub in ein anderes Land fahren und dort schöne persönliche Erlebnisse mit Land und Leuten haben, dann löst sich ein kollektives Feindbild auf.

Da es im Kleinen wie im Großen ist und im Großen wie im Kleinen, wirkt auch das Private auf die Politik ein und die Politik wirkt auf das Private ein. Im chinesischen Tao-Te-King heißt es deshalb: „Ein Staat sollte wie eine Familie geführt werden." Die 1968er-Bewegung hatte recht mit ihrer Erkenntnis: „Das Private ist auch das Politische." Denn verändert man sich selbst, verändert sich etwas in den Beziehungen, in der Familie und bei anderen. Das gibt den Anstoß für eine Veränderung in der Gesellschaft. So können viele einzelne Individuen eine Veränderung auf der gesellschaftlich-kollektiven

Ebene bewirken, wie das beispielsweise 1989 bei dem Fall der Mauer passierte. Andersherum gilt auch: Verändert sich die Gesellschaft, hat das Auswirkungen auf die Natur, die Wirtschaft, die Arbeitswelt, die Haus- und Wildtiere, die Familien und das individuelle Lebewesen.

Neben der jahrhundertealten religiösen und wirtschaftlichen horizontalen Sicht auf die Tiere, in der der Mensch die Natur und die Tiere sich untertan macht, gibt es auch die andere Seite, die ständig immer größer wird. Denn immer mehr Halterinnen und Halter empfinden ihre Tiere als Familienmitglieder und als fühlende Wesen. Sie sind deshalb nicht mehr bereit, sie mit veralteten Erziehungsmethoden zu traktieren. Ich hörte in meinen ersten Praxisjahren ab 2005 oft, dass für viele Pferdeleute Monty Roberts und der ab 1998 in den Kinos laufende Film „Der Pferdeflüsterer" mit Robert Redford zu ihren ersten Vorbildern für einen neuen Umgang wurden. (13) Ein wichtiger Beitrag für diese Veränderung war, dass ab den 1980ern weltweit durch neue wissenschaftliche Erkenntnisse über die emotionalen, kognitiven, mentalen und sozialen Fähigkeiten von Tieren in den Bereichen Verhaltensforschung, Neurobiologie und Evolutionsbiologie immer mehr Fakten über Tiere bekannt wurden. Unter anderem über das wirkliche Sozialverhalten und das Lernverhalten von Wölfen und Hunden. Die alten Ansichten über das Sozialverhalten oder zur Rudelstruktur von Hunden und von Wölfen, mit denen die bisherigen, größtenteils recht gewalttätigen Trainingsmethoden begründet wurden, stellten sich dabei als komplett falsch heraus.
So lässt sich die „Dominanz"-Theorie, die der Schweizer Verhaltensforscher Rudolf Schenkel ab 1934 nach Beobachtungen der Wölfe im Basler Zoo veröffentlichte, überhaupt nicht auf normale Mensch-Hund-Teams übertragen. (14) Eine Hierarchie mit „Alpha"-, „Beta"- und „Omega"-Wölfen entsteht nur in Zoos, wo ein Abwandern nicht möglich ist und erwachsene Tiere lebenslänglich gezwungen werden,

statt in mehreren Revieren von je rund 200 Quadratkilometern Größe, unfreiwillig und eng auf rund 0,2 Quadratkilometern zusammen zu leben. In der Wildnis würde ein Wolf, der im Zoo ein gemobbter „Omega-Prügelknabe" werden würde, abwandern und sich sein eigenes Revier suchen. Da es in der Zeit von Rudolf Schenkel kaum wissenschaftliche Freilandbeobachtungen gab, wie das ab den 1980ern zum Normalfall wurde, wurden die Beobachtungen der Hierarchien und des Verhaltens von den „Gefängnisinsassen" im Zoo quasi auf die Struktur und das Verhalten von Tieren übertragen, die mit Menschen in einem eigenen Revier leben. Auch bei Menschen würde eine ganz andere Verhaltensdynamik entstehen, wenn sie lebenslänglich mit Fremden in einem engen Gefängnis mit dessen harter Hackordnung leben müssten, als wenn sie in einer Familie in einem eigenen Haus wohnen würden.

Bei frei lebenden Wölfen, sich frei bewegenden Straßenhunden sowie bei normal sozialisierten Haushunden, die mit Menschen zusammenleben, sind die Anführerinnen und Anführer immer umsichtig, kompetent, fürsorglich und sozial. (15) In frei lebenden wölfischen und hündischen Verbänden werden zwar klare Grenzen gesetzt, aber es gibt keine Unterdrückung von Gruppenmitgliedern und es wird keine Gewalt innerhalb der Gruppe angewandt, wie das bis heute die menschlichen Anhänger der Dominanz-Theorie glauben und gegenüber ihren Hunden praktizieren. Die tierischen Anführer und Anführerinnen kennen keine Wut-anfälle und kein Nackenschütteln, sie sind nicht nachtragend, sie verbannen ihre Rudelmitglieder nicht und wenn sie sie ignorieren, dann nur minikurz, innerhalb einiger Sekunden kommt eine Versöhnungsgeste oder der integrierende Blickkontakt. Alle im Verband sind füreinander da, Trauernde bekommen Extra-zuwendungen, kranke oder alt gewordene Mitglieder werden weiterhin mit Nahrung versorgt und es gibt ein kooperierendes Miteinander zum Wohl der Gruppe. (16) Mehr zu diesem Thema findet man in

Günther Blochs Videobericht über seine „Tuscany"-Forschungen zu verwilderten Haushunderudeln bei www.Hundetraining-online-dogtale.de unter „Experten".

Auch unter Pferden wird eine Stute oder ein Wallach nicht deshalb Leitstute oder Anführer, weil sie das selbst wollen oder weil sie sich bei Kämpfen als Stärkste durchgesetzt haben, sondern sie werden es, weil die anderen sie dazu machen. Weil die sich bei ihr oder ihm sicher fühlen. Das kann eine Ponystute sein, die so gut, auch bei Reibereien, für alle da ist, dass auch die Großen ihr gern die Führung übertragen. Genauso wie es bei Hunderudeln die oder der Kleinste sein kann, nach der sich alle richten. Manche Anführende sind taff und agil, andere sind die Ruhe und Ausgeglichenheit selbst.

Insa, die seit 2002 als Hundetrainerin arbeitet, fasst die Entwicklung der letzten zwanzig Jahre auf ihrer Website www.Dogs-mind.de so zusammen: „Im Mittelpunkt des Hundetrainings steht jetzt nicht mehr die wissenschaftlich nicht länger haltbare Dominanz des Menschen, sondern die Fragen: ´Wie werde ich zu einer sozial kompetenten Führungspersönlichkeit, an der sich der Hund gern und voller Vertrauen orientiert? Was ist ein artgerechtes Training? Was blockiert das Lernen? Was fördert das Lernen bei Hunden?´ Ein artgerechtes Training ist, wenn die individuellen kognitiven und emotionalen Fähigkeiten genauso berücksichtigt werden wie die neuen wissenschaftlichen Erkenntnisse über Sozialverhalten, Motivation und Lernvorgängen. Lernblockierend wirken Druck, Bedrohung und Stress, fördernd wirken kleine Lernschritte, eine entspannte Atmosphäre, das Lernen über positive Bestätigung und ein individuell abgestimmtes Training, das Spaß macht. Vertieft sich dazu noch die Bindung, dann orientiert sich ein Hund im Alltag gern an seinem Menschen."

Wie ein evidenzbasiertes, auf grundsoliden wissenschaftlichen Fakten aufgebautes, artgerechtes und außerordentlich lerneffektives Training aussehen kann, das beschreibt Andrea Kutsch detailliert in ihrem 2019 erschienenen Buch „Aus dem Blickwinkel des Pferdes". In Kooperation mit ihr und deutschen und internationalen Universitäten wurden in über vierzehn Jahren Forschung Trainingsempfehlungen und Richtlinien herausgearbeitet, mit denen „es möglich ist, die Perspektive des Pferdes einzunehmen und in jedem Moment pferdegerecht und effizient zu handeln." (17) Ein fundiertes Wissen über Pferde ist der Hauptpfeiler für eine artgerechte Haltung und Umgang. Ergebnisse wissenschaftlicher Untersuchungen zum Verhalten von Pferden und Grundlagen für den richtigen Umgang stehen in dem Buch von Andrea Kutsch, im „Handbuch Pferdeverhalten" von Dr. Margit Zeitler-Feicht von der Universität München und in „Pferd und Mensch – Ein Leitfaden für einen pferdegerechten Umgang" von Dr. Ursula Pollmann. Die beiden Wissenschaftlerinnen sind bekannte Pferdeverhaltensforscherinnen. Ebenfalls empfehlenswert ist das Buch „Pferdetraining mit allen Sinnen" von Stephanie Ostendorf.

Die sich über die Jahre verändernden persönlichen Ansichten der einzelnen Halterinnen und Halter sowie der Trainerinnen und Trainer sowie der wissenschaftliche Forschungsstand spiegeln sich wiederum auch in der kollektiven Sicht der Bevölkerung und deshalb später in der Gesetzgebung für Tiere wider. So setzte unter anderem durch die über Jahre ausgestrahlten Tierdokumentarfilme in „Ein Platz für Tiere" von Bernhard Grzimek, in „Sterns Stunden" von Horst Stern und in den „Expeditionen ins Tierreich" von Heinz Sielmann, die damals zu den besten Sendezeiten im Fernsehen liefen, eine Sensibilisierung der Bevölkerung für den Tierschutz ein. Als Folge dessen wurde 1972 ein neues Tierschutzgesetz beschlossen. (18) Das deutsche Reichsstrafgesetzbuch von 1871 hatte schon einige Paragrafen zum Umgang mit Tieren, ein erstes eigenständiges Tierschutzgesetz wurde 1933 verabschiedet, auf dessen Grundlage das von 1972 beruht. 1990 wurde der neue § 90a in das deutsche Bundesgesetzbuch BGB aufgenommen, der besagt: „Tiere sind keine Sachen." Bis dahin galten Tiere nach der Rechtssprechung seit Jahrhunderten als Gegenstände. Im Jahr 2002 führte Deutschland als erster Staat der EU den Tierschutz als ein weiteres Staatsziel im Grundgesetz im Artikel 20a ein. Nach dem 2014 neu aufgenommenen § 11 in das Tierschutzgesetzes darf nicht mehr jeder ein Hunde-training geben, sondern seit 2015 ist dafür eine staatliche Prüfung und Erlaubnis vorzuweisen, ehe man als Hundetrainerin oder Hundetrainer arbeiten darf. Es darf auch nicht mehr irgendwas unterrichtet werden, sondern sowohl die private Erziehung als auch ein Hundetraining muss tierschutzkonform sein. So ist der Schnauzgriff, die Rücken-alpharolle, ein Stachel- oder Würgehalsband, ein Anbrüllen, ein Bewerfen, ein Schlagen, der Leinenruck und ein Stressen nun verboten. (19)

Eine Bekannte wollte als Hundetrainerin vor der Jahrtausendwende nicht mehr das althergebrachte Training mit Schlagen und Leinenruck mitmachen, sondern bot anstatt dessen ein einfühlsames, respektvolles Training auf Basis der damals noch neuen wissenschaftlichen Erkenntnisse aus der Lern- und Verhaltenspsychologie von Hunden an. Sie meinte, als sie im Jahr 2015 die Prüfung nach dem neuen § 11 des Tierschutzgesetzes machte, war sie ganz gerührt, denn genau das, wofür sie jahrelang von den anderen Kollegen ausgelacht und angefeindet und als unfähig und bekloppt hingestellt wurde, war nun der Inhalt der Prüfung! Und all die Methoden, die diese Kollegen bis dato ständig anwandten, waren nun nach dem neuen Tierschutzgesetz verboten! Jetzt bekommt beziehungsweise behält man nur noch eine Erlaubnis zum Trainieren von Hunden, wenn man die ausschließlich erlaubten Methoden in seiner Arbeit anwendet.

Mit diesem neuen Gesetz wurde für Hunderttausende Hunde eine Verbesserung erreicht. Für das Training der über eine Million Freizeit-, Turnier- und Sportpferden steht ein ähnlicher Paragraf allerdings immer noch aus.

Anfang 2022 trat eine Hundeverordnung in Kraft, die vorschreibt, dass ein Hund mindestens zweimal täglich für insgesamt mindestens eine Stunde ein Auslauf außerhalb seines Zwingers gewährt werden muss. Mit dieser Verordnung wird außerdem endlich die „Kettenhunde"-Anbindehaltung sowie die Ausstellung von Hunden mit Qualzuchtmerkmalen verboten. (20) Die Einstellung vieler Menschen spiegelt sich am Ende auch in der kollektiven Gesetzgebung wider. Es lohnt sich immer, etwas im Privaten zu verändern hin zu einem harmonischeren Miteinander. Denn die Einzelnen sind die Tropfen eines Ozeans. Sie bilden Wellen, die den Ozean bewegen.

4. Das Spiegeln von Orts-Einflüssen

Die Erde ist ein lebendiger Organismus. Sie hat einen großen physischen und energetischen Einfluss auf alles, was auf ihr lebt.

Ein Beispiel, wie sich der Ort auf die auf ihn Lebenden spiegeln kann: Ein Paar, das in Afrika gewesen war, erzählte, dass sie dort eine Wildpferdeherde sahen, die über die steinige Landschaft zog. Sie dachten sofort: „Oh je, deren Hufe werden schlimm aussehen, weil der Hufabrieb in solch einem steinigen Revier heftig sein muss." Aber mit dem Fernglas entdeckten sie gesunde, kräftige Hufe. Sie fragten die Rangerin, wie das möglich sei und sie meinte, dass das wohl an dem Boden liegt, der reich an Mineralien ist und auf dem deshalb mineralreiche Gräser wachsen. Diese Gräser futtern die Pferde und haben dementsprechend härtere Hufe. Es ist bekannt, dass der Boden eines bestimmten Lebensraums die Pflanzen, Kräuter und Früchte hervorbringt, die genau von den Tieren und Menschen in dieser Gegend für ihre Gesundheit und Stärkung gebraucht werden. Es gibt ein Wechselspiel zwischen allen, denn die Erde ist ein großer Organismus, ein Ökosystem, eine Pflanzen-, Tier- und Umweltgemeinschaft, die sich gegenseitig bedingt und befruchtet.

Neben den Einflüssen wie dem Wasserhaushalt, die Bodenqualität oder geologischen Gesteinsverwerfungen gibt es auch die energetischen Auswirkungen, die durch Natureinwirkungen oder Menschenhand entstehen. In einem Waldgebiet, über das ein Sturm hinwegfegte und alle Bäume umriss, fühlt man sich genauso unwohl wie inmitten von Hochhäusern oder auf einem vernachlässigten Hof voller Schrott. Diese Orte verbrauchen in der Regel Kraft. Dagegen ist zu bemerken, wie man auftankt und an Kraft gewinnt, wenn man in einem schönen Haus ist, über einen aufgeräumten, begrünten Pferdehof mit lauschigen Sitzplätzen und Vogelgezwitscher geht oder durch ein

Naturschutzgebiet mit blühenden Wiesen und einem plätschernden Bachlauf wandert. Solche Orte mit einer harmonischen Ausstrahlung erschaffen wie ein Perpetuum mobile stetig Lebensenergie und verschenken diese. Im Chinesischen wird diese Lebenskraft „Chi" genannt. Stagnierende oder disharmonisch wirkende Energie heißt „Sha". In Wohnungen kann man Sha oft schon mit Entrümpeln und einem sogenannten „Space Clearing", einer energetischen Raumreinigung mit Klängen, Räucherung und Anderem, in Chi verwandeln. Im chinesischen Kulturkreis beschäftigt sich das Feng Shui, in Indien das Vastu und im europäischen Raum die Geomantie damit, wie ein möglichst harmonisches Miteinander zwischen der Ortsbeschaffenheit, der Natur, der Tier- und Pflanzenwelt und den Menschen erreicht werden kann. Ein Millionenbestseller für ein praktisches Loslegen, um ohne Vorkenntnisse sein Zuhause oder Büro in einen chi-durchfluteten Ort zu verwandeln, ist „Feng Shui gegen das Gerümpel des Alltags" von Karen Kingston.

Hier vier Beispiele, wie Verhaltensveränderungen und Erkrankungen Ortseinflüssen spiegeln:
~ *Eine Frau schlief unruhig, ihr Hund neben ihr ebenfalls. Sie fragte sich, ob er sie spiegelt? Sie bekam den Tipp, den Stellplatz ihres Bettes auf Verwerfungen, Wasseradern oder Ähnliches untersuchen zu lassen. Sie sagte sich, wenn ich einfach das Bett umstelle und es ändert sich dadurch etwas, dann weiß ich das auch ohne eine extra Untersuchung. Sie schob es in eine andere Ecke. Ab da schliefen sie und ihr Hund wieder tief und fest.*
~ *Zwei Meerschweinchen ging es nicht gut. Sie waren nicht mehr so aufgeweckt wie vorher, es schien ihnen irgendwie nicht gut zu gehen, obwohl körperliche Untersuchungen nichts ergaben. Bei einer Tierkommunikation befragt, ob sie etwas dazu sagen könnten, sagte der eine, dass er sich so komisch fühle, seitdem sie woanders leben. Ihr Käfig war innerhalb des Zimmers umgestellt wurde. Die Halterin ließ den Platz untersuchen, der Käfig stand auf einer Wasserader.*

~ Ich wurde für eine Tierkommunikation zu einem Wallach gerufen, der unruhig und nervös war und erste Krankheitsanzeichen hatte. Die Halterin hatte zu der Zeit viel Stress auf Arbeit und fragte sich, ob sie diesen Stress mitnimmt und auf ihn überträgt? Ihr Pferd meinte dazu: „Nein. Es liegt was in der Luft." Sie antwortete, also bei ihrem Arbeitsplatz liegt nichts in der Luft, der ist sicher. Sie möchte ihm mitteilen, dass sie keine Angst hat, dass sie ihre Arbeit und den Verdienst verliert, sie hat nur Stress wegen der Überstunden. Bevor ich weiter dolmetschte, sagte ich, dass ich eine Pause brauche. Als relativ sensitiver Mensch hielt ich es im Stall kaum noch aus, da in ihm eine ganz eigenartige, unangenehme Atmosphäre herrschte. Die Halterin war dickfelliger als ich und staunte über mein Problem. Wie sich auf mein Nachfragen hin herausstellte, war ihr Pferd in einem ehemaligen Kuhstall untergebracht. Laut den Dorfleuten wurde hier früher mit den Tieren gar nicht gut umgegangen. Dieser Stall diente auch zum Erschießen und Schlachten. Als sie das Pferd daraufhin in einen anderen Stall umstellte, war es wieder entspannt und wurde schnell gesund, obwohl sie immer noch Stress auf Arbeit hatte.

Das Spiegeln der Ortsqualität geht natürlich auch andersherum, nämlich, dass sich Tiere von Orten angezogen fühlen.
Ein Paar fragte sich, ob das Erscheinen von Wühlmäusen in ihrem Garten ein Spiegel von ihnen sei? Dass vielleicht bei ihnen etwas im Untergrund oder im Unterbewusstsein nagen würde? Standen die Wühlmäuse in ihrem Leben für Schädlinge oder für ein emsiges Bodenlockern? Da man ja viel annehmen kann, wollten sie gern die Sicht der Mäuse hören. Bei einer Tierkommunikation meinten diese, dass sie in dem Garten sind, weil das hier ein guter Ort sei. Sie fühlten sich hier sehr wohl. Der Boden ist nicht so nass, deshalb sind ihre Gänge trockener, und hier werden nicht alle Tiere erlegt und vertrieben. Deshalb wollten sie hier nicht mehr weg. Ja, meinte das Paar, ihr Garten liegt etwas höher, er ist also in den Bodenschichten nicht so feucht. Und ringsherum setzen wirklich alle Leute Fallen

90

und chemische Keulen ein. Sie nicht, denn sie lieben Tiere und erfreuen sich an ihnen. Für die beiden war nach dem Gespräch klar, dass das Einziehen der Wühlmäuse zweierlei spiegelte: Ihre Tierfreundlichkeit und eine angenehme Ortsqualität.

5. Das Spiegeln von kosmischen Einflüssen

Der Kosmos hat viele Namen: Das Große Ganze. Das allumfassende Bewusstsein. Die Universelle Ebene. Die Stille. Die Schöpfungskraft. Das Tao. Das Nullpunktfeld. Die Matrix. Gott. Das Freie Potenzialfeld. Das „E hoch 2"-Feld. Das Einssein. Die Fülle. Die Weltenseele. Die Große Göttin. Der Ozean, in dem wir alle die Tropfen und der Ozean zugleich sind.

Um Antworten von dieser Ebene zu erhalten, lauscht man. Wenn man eines Tages eins geworden ist mit dem Einen, dann erkennt man einen Teil der Antworten auf Fragen wie: „Wo kommt man her, wo geht man hin? Gibt es ein Schicksal? Was ist Liebe? Gibt es ein Ziel? Was ist die Aufgabe aller auf diesem Planeten Erde? In diesem unendlichen Kosmos?"

„Kosmos" ist griechisch und bedeutet „Ordnung". Es heißt, dass die Höhere Ordnung mit neun universell-kosmischen Gesetzen beschrieben werden kann. Diese kosmischen Gesetze sind wie universelle Naturgesetze. Sie wirken gleichzeitig und auch gleichberechtigt ständig auf alles im Universum ein. Alle Geschehen gelten als Folge dieser natürlichen Gesetzmäßigkeiten. Deshalb kann man bei ihnen auch die Ursache einer Erkrankung oder Veränderung im Leben finden, da ein Problem eine Schieflage in Bezug auf die neun Gesetze widerspiegelt.

Die neun kosmischen Gesetze sind:
1. Das „Gesetz der Ordnung". Alles hat eine innewohnende Ordnung. Beispielsweise sind die einzelnen Lebensphasen, die Jahreszeiten, der Tag-und-Nacht-Zyklus und die Erdanziehung feststehende Ordnungen. Sie sind Gesetzmäßigkeiten, innerhalb dessen etwas immer gleich abläuft.

Ein Beispiel über die Auswirkung des Gesetzes auf ein Individuum:
Die Kuckucksvögel kommen seit Jahrhunderten immer zur gleichen
Zeit aus ihren afrikanischen Winterquartieren zurück. Durch die
klimatische Erwärmung fangen die Singvögel, die hier überwintern,
aber immer eher an zu brüten. Da die Kuckucksfrau darauf ange-
wiesen ist, ihre Eier heimlich unter die Eier der Singvögel zu legen,
kommt sie nun immer öfter zu spät. In unseren Breitengraden wird es
deshalb irgendwann keinen Kuckuck mehr geben.

2. Das „Gesetz der Analogie" besagt: Wie im Kleinen, so im Großen. Wie unten so oben. Wie hier so dort. So sind die Atome, die um den Atomkern kreisen, „analog", also „entsprechend" den Tier- und Menschenkindern, die um ihre Eltern kreisen, dem um die Erde kreisenden Mond und den Planeten, die um die Sonne kreisen.

3. Das „Gesetz der Evolution": Dieses Gesetz meint nicht die biologisch-genetische Vererbungslehre, sondern die stete Entwicklung hin zum höchstmöglichen Potenzial. Das lateinische Wort „Evolution" bedeutet „Entwicklung". Das Prinzip dieser beständigen Weiterentwicklung betrifft Tierarten, Gesellschaften genauso wie die sich weiterentwickelnde Seele. Wie sich der Planet Erde von einem unbelebten Gesteinsort zu einem Ort mit vielfältigster Flora und Fauna entwickelte und die Entwicklung von Neandertalergruppen hin zu jetzigen Wissenschaftsgesellschaften verlief, so reifen auch wir als Individuen in einem Leben. Der Prozess der Evolution führt, selbst bei Umwegen, kontinuierlich zu etwas Höherschwingendem, zu einem höheren Bewusstsein. Die Entwicklung für uns einzelne Menschen, als kollektive Gruppe und als Völker geht deshalb unaufhaltsam hin zur bedingungslosen Liebe und zu einem gleichberechtigten Miteinander von uns, den Tieren und der Natur. Denn wir sind alle eins.

4. Laut dem „Gesetz der Energie" ist alles Lebendige Energie. Der Kosmos ist ein riesiges Energienetzwerk, in dem jede Energieform mit allen anderen verbunden ist und sich gegenseitig beeinflusst und verändert. Jede Tat bewirkt etwas. Wird Disharmonisches geklärt oder etwas Liebevolles gemacht, dann beeinflusst das das Lebensnetzwerk.

5. Das „Gesetz der Dualität" beziehungsweise „der Polarität". Das lateinische Wort „dualis" bedeutet „zwei enthaltend", „polaris" heißt „entgegengesetzt". Gegensätze sind immer gleichzeitig da und bilden zwei Pole, aus denen nicht immer, wie bei dem Gegensatz Wasser und Erde, aber oft ein Rhythmus entsteht, wie beim Ein- und-Ausatmen-Zyklus oder beim Tag-und-Nacht-Wechsel. Duales tritt als Paar auf. Wie Rechts und Links, Krankheit und Gesundheit, Tun und Nichtstun, Geburt und Sterben, Angst und Mut. Die dualen Gegensätze erscheinen zwar konträr, aber auf der nächsthöheren Ebene sind sie einfach nur die zwei Seiten einer Medaille, zwei Schwingungsfrequenzen von ein und demselben Thema oder die zwei Hände einer Person. Links ist die Kasperlepuppe „Angst" und rechts die Puppe „Mut" oder die beiden heißen „Dafür" und „Dagegen". Löst man die Gegensätzlichkeit auf oder vereint sie oder sieht sie von einer höheren Warte, dann entsteht Einheit. Dann erkennt man, dass die beiden so oft unversöhnlich erscheinenden Gegensätze nur Teil etwas Größerem sind, nur die zwei Arme einer Person. Dann können bei einem Liebespaar gegensätzliche Weltanschauungen plötzlich keine Rolle mehr spielen. Oder man begreift sich mit all seinen Sonnen- und Schattenseiten als Wunder. Das Prinzip der Einheit stellt bei dem bekannten Yin-Yang-Symbol der äußere Kreis dar, der um die dualen Yin- und Yang-Zeichen gezogen ist.
Es gibt mehrere Zustände, die nicht der Dualität unterliegen. Das wäre beispielsweise: Das universelle Chi. Die Liebe. Die Flow-Energie. Die Wunder-Energie. Sie gehören alle der Nicht-Dualität, dem Unpolaren an.

Allerdings bilden das Non-Duale und das Duale wiederum ein Paar wie zwei Hände einer Person.

6. Das „Gesetz der Schwingung" beziehungsweise „des Rhythmus". Alles schwingt, weil alles Energie ist. Da sich alles evolutionär weiterentwickelt, verändern sich auch stetig die Energieschwingungen und die Rhythmen. Das Gesetz des Rhythmus besagt, dass nach dem Alten das Neue kommt und dann wieder das Alte und wieder das Neue und immer so weiter. Weiß man um das kosmische Gesetz des Rhythmus und des Schwingens, erwartet man nicht mehr, dass etwas immer schlimm oder immer schön bleibt. Denn alles ist beständig in Bewegung. Das Leben ist ein ständiger Tanz.

7. Das „Gesetz des energetischen Ausgleichs" beziehungsweise „des Karmas". Alle Energien und Geschehen gleichen sich aus, denn die Grundlage des Kosmos ist die Ordnung, in der alles im Gleichgewicht ist. Die Bewegung in eine Richtung wird nach einiger Zeit mit der Bewegung in die andere Richtung ausgeglichen. Das Prinzip des nötigen Ausgleichs geschieht unter anderem zwischen Individuen, in Gruppen, Gesellschaften, im Klima, gegenüber Tieren und der Natur. Das muss nicht direkt geschehen, sondern kann auch über zehn Ecken oder erst in einem späteren Leben geschehen. Solch ein zeitlich weit auseinander reichender Zusammenhang zwischen Ursache und Folge wird auch als „karmischer Ausgleich" bezeichnet. Mehr dazu in dem Kapitel „Das karmische Spiegeln". Dort steht zu dieser Thematik der Bericht von der Hündin und dem Autofahrer. Aufgrund des „Gesetzes des Ausgleichs" war das zwischen den beiden passiert.

8. Das „Gesetz der Resonanz", das „Spiegelgesetz". Jede energetische Struktur strahlt eine bestimmte Schwingung aus, die mit Gleichschwingendem in Resonanz geht. Deshalb reagiert man auf etwas im Äußeren, also regt sich auf oder findet etwas gut, bekämpft es oder verliebt sich in das, was die gleiche Schwingung hat. Denn „Gleiches zieht Gleiches an." Es gibt unendlich viele andere

Frequenzen, aber auf die reagiert ein Individuum, eine Gruppe oder ein Volk nicht, sondern nur auf seine Frequenzen. Trotz der Fülle des Vorhandenen und der Fülle aller Möglichkeiten kann immer nur das erfahren werden, wofür man eine Resonanz besitzt. Die Umwelt ist wie ein Spiegel für alles, es ist ein riesiges Projektionsfeld. Alles, was man an Störendem erlebt, kann als liebevolle Einladung zur Reflexion angesehen werden.

9. Das „Gesetz des Impulses". Alle Impulse sind gleichwertig und drücken das Innere aus. Beim Ausleben sollte man die körperliche Unversehrtheit von anderen achten, ob das nun die eines Menschen, eines Tieres oder der Umwelt ist. Stammen die Impulse aus unserem Herzen, dann führen sie uns immer mehr auf unserem wirklichen Lebensweg und bringen uns zu unseren Lebensaufgaben. Verspürt man eine Stimmigkeit im Herzen, selbst wenn die Umstände im Äußeren auch mal hart sind, dann macht man gerade etwas von dem, wozu man diesmal auf die Erde gekommen ist. Man beginnt schon mit seiner Lebensaufgabe, wenn man seiner inneren Stimme und seinen Impulsen folgt. Diese Stimme aus dem Herzen weiß um alles, denn sie kommt aus der Weltenseele.

Alles, was auf der Erde und im endlosen Universum passiert, geschieht infolge dieser neun Kosmischen Gesetze. Sie wirken ständig alle gleichzeitig und auch gleichberechtigt auf alles ein.
Wenn zum Beispiel nach dem 3. „Gesetz der Evolution" die Zeit dafür reif ist, dann wird ein Mensch, ein Volk, ein Tier oder eine Tierart den nächsten Entwicklungsschritt machen. In diesem Fall verspürt man eines Tages eine Sehnsucht nach Veränderung. Oder ein Volk wird durch Ereignisse zu Veränderungen gedrängt.
Nach dem 1. „Gesetz der Ordnung" tritt eine gegenläufige Bewegung wieder hin zur Harmonie und Ordnung ein, wenn sich ein Tier, ein Mensch oder ein Volk mit seiner bisherigen Lebensweise zu weit weg von der universellen und damit auch von der kollektiven oder

der individuellen Ordnung entfernt hat. Sind sie an einem Punkt angekommen, an dem es nicht mehr weitergeht, dann werden sie sich wieder in die Ordnung zurückbewegen müssen. Das kann sich über Jahre oder mehrere Leben oder Jahrtausende hinziehen.

Macht man beispielsweise zulange die Nacht zum Tage und schläft nachts nicht mehr, dann ist das für den Biorhythmus nicht gut. Über kurz oder lang kann das zu einem Problem führen. Durch das wird man vielleicht gezwungen sein, nachts nicht mehr weggehen zu können, sondern im Bett bleiben zu müssen und zu schlafen.

Manche Geschehnisse manifestieren sich aufgrund des „Spiegel-" beziehungsweise „Resonanzgesetzes".

Bei der Art und Weise wie ich ausgerechnet zu Susi kam, da hatte das Resonanzgesetz definitiv die Finger mit im Spiel. Ich wurde telefonisch als Pflegestelle angefragt und ohne die Hündin gesehen zu haben, sagte ich zu. Es passte alles. Wir blieben sehr gern zusammen. Dass ich allerdings überhaupt auf die Idee kam, einen Hund aufzunehmen, das hatte zwar äußerlich mit dem Wunsch zu tun, einem Tier zu helfen, aber meiner Empfindung nach war unter der Oberfläche dessen das 3. und das 9. Weltengesetz aktiv. Es war an der Zeit für eine Weiterentwicklung in mir und es war auch dieser spezielle Herzensimpuls da. Den kenne ich auch von anderen Situationen. Zum Beispiel davon, mein Wissen nicht nur bei Terminen und in Seminaren, sondern auch in Büchern weiterzugeben. Meine Seele schickte mir damals den Impuls zum Bücherschreiben und sagte zu mir: „Komm, es ist Zeit, etwas Gutes in das Netzwerk des Lebens hineinzugeben." Sie meinte damit, dass ich gemeinsam mit den Schwingungen des 4. Gesetzes arbeiten soll.

Natürlich weiß ich nicht, ob das wirklich alles so stimmt, denn es kann wohl niemand wirklich sagen, weshalb was wie und warum etwas in diesem riesengroßen Universum geschieht. Aber für mein Herz fühlt es sich danach an. Wenn ich eines Tages wieder auf den Wolken sitze und auf dieses Leben hinabschaue, werde ich bestimmt Genaueres dazu sagen können …

Wie wäre es, sich für mehrere Ereignisse in seinem Leben oder im Leben seines Tieres mal bei jedem einzelnen zu fragen, aufgrund von welchem Gesetz es wohl dazu kam?
In der dritten Spalte „Lektion gelernt?" ist Platz für die Antwort auf die wichtige Frage: „Ist das Problem denn schon wieder in Ordnung, ist die Lektion gelernt und ist man wieder auf die Mitte des Lebensweges zurückkehrt?"

Das Ereignis war: Dieses Gesetz   Lektion
                                                     könnte dazu   gelernt?
                                                     passen:

IV. Das anthropozentrische und das animalzentrische Spiegeln

Die anthropozentrische Sicht

Der Begriff „anthropozentrisch" ist schon seit Langem fest etabliert. „Anthropos" heißt im Lateinischen „Mensch", „Zentrum" heißt „Mitte". Mit der anthropozentrischen Sicht ist ein Blickwinkel gemeint, der den Menschen in das Zentrum stellt, also seine Sicht auf alles andere projiziert, ob das fremde Kulturen, die Natur oder die Tiere sind. Die Sicht des Menschen wird zum Maß der Dinge. Die Sicht des Gegenübers wird dabei nicht miteinbezogen.

Drei Beispiele für ein Spiegeln aufgrund einer anthropozentrischen Sicht:
Eine Reiterin verstand nicht, weshalb ihre Stute solche Angst vor Planen hatte. Es waren doch einfach nur Planen. Klar, sie bewegten sich bei Wind auch schon mal etwas, aber das waren doch nur ganz normale Planen. Das war ihre Sicht. Die Stute, die so etwas erst seit Kurzem sah, schätzte sie, da sie sich bewegten, als etwas Lebendiges ein. Sie waren für sie ganz dubios, weil sie sich still lauernd verhielten und sich dann plötzlich bewegten und Laute von sich gaben. Durch die Beschreibung der Sicht ihres Pferdes bei der Tierkommunikation verstand die Frau ihre Stute plötzlich. Sie war erstaunt, wie sehr sich deren Perspektive von ihrer unterschied. Sie meinte, das wäre für die Stute wohl ungefähr so, als wenn sie nachts im schummrigen Mondlicht im Garten eine nicht einschätzbare Bewegung sehen würde. Die würde ihr auch Angst einjagen, solange

sie nicht wüsste, wer oder was das ist. Sie würde auf so etwas auch niemals freiwillig zugehen.

Eine andere Reiterin hatte Probleme mit ihrem Pferd, weil es so oft scheute. Sie sah die Schuld dafür ausschließlich beim Pferd und wollte es deshalb abgeben. Nachdem sie das Buch „Aus dem Blickwinkel des Pferdes" von Andrea Kutsch gelesen hatte, plagten sie „Schuldgefühle den vielen Pferden gegenüber, mit denen ich in der Vergangenheit zu tun hatte, in denen ich leider aus Menschensicht und nicht aus dem Blickwinkel der Pferde gehandelt hatte." Die Erkenntnisse aus der Lektüre waren: „Pferde reagieren instinktiv, wollen mich also nicht ärgern oder verarschen, wie ich immer geglaubt habe. Das instinktive Verhalten kann man durch Training verändern." Mit dieser veränderten Einstellung gegenüber Pferden begann sie ein Anti-Schrecktraining. Nach zwei Monaten war ihr Pferd viel ruhiger und gelassener und vertraute ihr mehr. (21)

Im Seminar „Tiere mit Reiki behandeln" ging eine Frau auf den Hund einer anderen Teilnehmerin zu, weil sie ihn behandeln wollte. Der legte sich woanders hin. Sie fragte sich, ob er gar keine Behandlung möchte? Ich gab zu bedenken, dass das eine Möglichkeit wäre, warum er gerade weggegangen ist. Aber es könnte auch sein, dass er ihr ausgewichen ist, weil sie als fünfmal Größere so direkt und zügig auf ihn zugegangen war. Das wäre so, als würde ein zweigeschossiges Haus auf einen zukommen. Würde man sich da nicht auch lieber in Sicherheit bringen? Jetzt wollte sie es wissen. Sie setzte sich einen Meter von ihm entfernt auf den Boden. Von dort aus hielt sie ihm ihre Hand ausgiebig zum Beschnuppern hin. Nach einer Weile schob sie sich auf dem Po langsam näher an ihn heran und ließ ganz behutsam eine Hand auf seinen Rücken sinken. Er guckte ihr zu. Dann legte er seinen Kopf auf die Pfoten. Und sie die zweite Hand bei ihm auf. Nach einer halben Stunde schaffte sie es nicht mehr, auf dem Fußboden zu sitzen. Als sie deshalb sachte aufstand, blickt ihr der Hund mit *einem Blick hinterher, als hätte er sie gern noch viel länger neben sich gehabt. Wieder auf ihrem Stuhl sitzend, meinte sie: „Fünfmal so groß. Darüber habe ich mir noch nie Gedanken gemacht! Wie tapfer Kaninchen, Katzen und Hunde doch sein müssen, wenn sie uns Riesen so auf sich zukommen lassen. Das war dann für ihn vorhin bestimmt so gewesen, als würde ich auf einer Decke liegen und ein Elefantenbulle läuft volle Kanne auf mich zu!"*

Das hier wird eine kleine Liste mit Annahmen über Ihr eigenes Tier. Einfach mal ohne Nachdenken die beiden Spalten ausfüllen …

Ich denke, mein Tier macht: Weil es:

Vielleicht sind in dieser Liste ja Erkenntnisschätze, die gehoben werden können und dann allen das Leben verschönern?

Kinder übernehmen meist die in ihrer Gesellschaft oder von ihren Bezugspersonen vorgelebten und verbreiteten Werten. Man kann sich aber jederzeit von erlernten und verinnerlichten Annahmen, den Vor- und Fehlurteilen gegenüber Tieren lösen, so wie es die beiden Reiterinnen taten. Das fällt besonders leicht, wenn die erlernten Annahmen nicht der Realität entsprechen, wie das bei der anthropozentrischen Sicht auf Tiere der Fall ist.

Der Anthropozentrismus ist eine vertikale Hierarchie mit dem Menschen als Herrscher und die Natur und die Tiere als seine Untertanen. Das andere Lebensmodell, der egalitäre horizontale Biozentrismus, ordnet allem Lebendigen einen Eigenwert und eine Gleichheit untereinander zu, die eine Gleichberechtigung beinhaltet. „Egalitär" bedeutet im Französischen „Gleichheit", „Bio" im Griechischen „Leben". Die jahrhundertealte anthropozentrische Annahme einer vertikalen Hierarchie hat sich in den letzten fünfzig Jahren durch eine Unmenge von wissenschaftlichen Forschungsergebnissen als grundfalsche Annahme herausgestellt.

Dagegen wurde der Biozentrismus mittlerweile mit Tausenden wissenschaftlichen Beweisen aus der Natur-, Tier- und Klima-forschung belegt. Die Basis der Welt ist die wissenschaftlich nachgewiesene existierende Gleichwertigkeit von allem und von allen. Die Realität ist: Alles und alle sind miteinander vernetzt. Das Klima mit der Natur und dem Wasser und den Böden, die Menschen und Tiere mit der Natur, dem Ozean und dem Klima. Es gibt keine Hierarchie, sondern alles zusammen bildet ein über die ganze Erde ausgebreitetes, miteinander verwobenes Netzwerk. Es ist das Netzwerk des Lebens.

Der Paradigmenwechsel von einem hierarchischen Weltbild mit dem Menschen an der Spitze und der Natur und den Tieren unter ihm hin zu einem horizontalen Weltbild, in der Natur, Menschen und Tiere auf gleicher Ebene stehen, ist im vollen Gange. Gerade an den sogenannten „Nutz-"Tieren und der Umweltzerstörung ist zu sehen, welche Folgen die noch in vielen Kreisen der Gesellschaft herrschende anthropozentrische Annahme einer Hierarchie und der damit einhergehenden, selbst gegebenen Erlaubnis zur Ausbeutung von Tier und Natur zum Nutzen der Menschen hat.

Dieses Konzept ist zum Scheitern verurteilt, weil auf diese Art die Lebensbasis der Anthropos unwiederbringlich zerstört wird. Nach Berechnungen dürfte das schon in der Mitte dieses Jahrhunderts so weit sein. Wir werden das also selber noch erleben, wenn nichts passiert. Um die Lebensgrundlagen zu retten, muss etwas Grundlegendes verändert werden.

Die neue Grundlage muss logischerweise ein biozentriertes Handeln sein, das Klima- und Tier- und Naturschutz, Gleichberechtigung und Nachhaltigkeit beinhaltet. Denn nur so werden die realen Lebensgrundlagen wie die Böden, der Wasserhaushalt, die Klimaverläufe, die nötige Artenvielfalt der Flora und Fauna erhalten und nicht weiter zerstört. Wir bestimmen heute durch unser Tun, wie unsere Zukunft wird.

Die Loslösung aus dem wissenschaftlich widerlegten Anthropozentrismus hin zu einem biozentrierten Lebensmodell ist ein langer Prozess. Wir sind, nach dem „Gesetz der Ordnung", in der gegenläufigen Bewegung des Pendels weg von dem Disharmonischen, Zerstörerischen wieder hin zu einer Lebensweise, die mit der universellen Ordnung, dem Biozentrismus, übereinstimmt. Laut dem 4. und 8. kosmischen Gesetz trägt jeder Link, jeder Post, jeder Schulvortrag, jedes Buch, jede private und politische Aktion, jedes Gespräch und Video, jede Visualisierung, die dem Tier-, Natur- und Gemeinwohl dienen, zum Wandel bei.

Die bisherige anthropozentrische Einstellung, dass Tiere dem Menschen zu dienen haben und sie nur Gegenstände sind und auf ihre Bedürfnisse nicht im gleichen Maße wie auf die der Menschen eingegangen werden braucht, spiegelt sich nicht nur im direkten Verhältnis zu einem Tier wider, sondern auch im kollektiven Umgang mit den Tieren. Aufgrund dessen sind deshalb beispielsweise Hunderennen, Profireitsport, Massentierhaltung, Tierversuche, Jagdsport und Qualtierzucht überhaupt nur möglich. Weil sich weder die Anbietenden noch die Konsumierenden über die Gefühle und Schmerzen des tierischen Gegenübers Gedanken machen oder machen wollen.

Die Menschen, die mitfühlend mit Tieren umgehen, könnten in solchen Bereichen nicht arbeiten. Sobald man sich in das Gegenüber einfühlt, geht das nicht mehr. Die Mehrheit der Menschen, in Deutschland sind das 70 % der Bevölkerung, möchte aus diesem Grund eine artgerechte Tierhaltung und mehr Tierschutz. (22) Immer mehr Menschen ändern ihre Denk- und damit auch ihre Ernährungsweise. In Deutschland lebt mittlerweile über 10 % der Bevölkerung, also jede zehnte Person, das sind über 8 Millionen, vegetarisch oder vegan. 2010 lebten rund 60.000 Deutsche vegan, 2020 waren es schon über 1,3 Millionen. (23) Laut Untersuchungen werden in Schnellrestaurants 92 % der veganen Gerichte von Nichtveganer und Nichtveganerinnen gegessen. Das sind meistens die sogenannten „Flexitarier", die in ihrer Essensauswahl flexibel sind und sowohl tierische als auch vegane und vegetarische Lebensmittel konsumieren. (24) Nach dem „Ernährungsreport der Bundesregierung 2020" sind mit 55 % mehr als die Hälfte aller Deutschen Flexitarierinnen und Flexitarier.

Früher ernährten sich ganze Völker vegetarisch, wie die Vergangenheit von Indien, von China, Tibet und Japan zeigt. Dort wurden aufgrund der buddhistischen und hinduistischen Religion über viele Jahrhunderte von der Bevölkerung keine Tiere gegessen.

Der japanische Kaiser erließ nach dem Vorbild von China und Indien im 9. Jahrhundert einen ersten einschränkenden Erlass, ab dem 11. bis in das 18. Jahrhundert lebte die japanische Bevölkerung vegetarisch. (25) Heute ist das in Ländern mit buddhistischer Religion immer noch verbreitet. In Indien ernähren sich deshalb über 20 % der Bevölkerung und 48 % aller praktizierenden Hindus vegetarisch. (26) Im buddhistischen Verständnis haben alle Lebewesen, also die Tiere und die Menschen, die „Buddhanatur". Weil Tier und Mensch diesbezüglich gleich sind, sollen sie auch nicht gegessen werden, sagte Buddha.

Die Bewegung weg von der Ausbeutung hin zu einem Miteinander schlägt sich nicht nur gegenüber „Nutz"-Tieren, sondern auch in den Beziehungen der Menschen zu ihren Haustieren nieder. Haustiere haben mittlerweile den Status von Familienmitgliedern. Das Bewusstsein darüber, dass man bei Problemen zu den beiden Enden der Leine hinsehen sollte, verbreitet sich ebenfalls immer mehr. Auch die Bereitschaft, die Sicht der Tiere einzunehmen, also wie die Reiterinnen den anthropozentrischen Blickwinkel um den animalzentrischen Blick zu erweitern, steigt an.
Die Spiegelprinzipien sind schon seit Langem im Mensch-Mensch-Bereich bekannt. Anfang der 1990er las ich einige frisch erschienene Bücher zu diesem Thema, das damals noch relativ neu war. Deren genaue Titel habe ich nicht mehr im Gedächtnis, aber sie hießen so ähnlich wie „Das Spiegelprinzip und seine Auswirkungen auf uns" und „Mit der Spiegelmethode Beziehungen verbessern". Von dem, wie unser Kontostand, unsere Arbeit, unsere Tiere und unsere Wohnung uns spiegeln, war damals vor dreißig Jahren allerdings noch nicht die Rede. Als ich 2005 meine „Praxis für Tier und Mensch" eröffnete, wurde die Frage, inwiefern ein Tier seinen Menschen spiegelt, bei Terminen und in Seminaren kaum gestellt. Ich hoffe, mich jetzt richtig zu erinnern, dass es so ungefähr ab 2010 war, als ich bemerkte, dass der Sachverhalt „Tiere spiegeln Menschen" langsam an Fahrt aufnahm. Seitdem begann mich immer öfter jemand danach zu fragen und ich fand von Jahr zu Jahr mehr Texte dazu im Internet.

Die Spiegelprinzipien, die bisher im Mensch-Mensch-Kontext angewandt wurden, begann man immer mehr auch auf die Mensch-
Tier-Beziehung zu übertragen. Zehn Jahre später gab es dazu schon
unzählige Internetbeiträge und viele Bücher. Für mich sieht es
danach aus, als wenn die Erkenntnis, dass das Spiegelgesetz nicht nur
zwischen Menschen, sondern auch zwischen Menschen und Tieren
existiert, langsam im kollektiven Raum ankommt.
Ich kann mir vorstellen, dass die Entwicklung bei dem Thema
„Tiere spiegeln Menschen" noch dahin gehen wird, dass nicht nur
die anthropozentrische, sondern auch die animalzentrische Sicht
gesehen wird. Denn diese Seite der Medaille ist ja ebenfalls vorhanden. Der anthropozentrische, also der den Menschen in das
Zentrum stellende Blick sieht, „wie Tiere ihre Menschen spiegeln".
Der animalzentrische, also der das Tier in den Mittelpunkt stellende
Blick sieht, „wie Menschen ihre Tiere spiegeln".

Die animalzentrische Sicht

Im Lateinischen heißt „Anthropos" „Mensch" und „Animal" „Tier",
„Zentrum" heißt „Mitte". Der Begriff „animalzentrisch" ist eine
Wortkreation von mir, weil mir für diesen Sachverhalt kein Wort
bekannt ist und ich auch trotz intensiver Recherche keinen Begriff
dafür vorfand. Dass keine Bezeichnung dafür zu finden ist, könnte
damit zusammenhängen, dass in einer anthropozentrischen
Gesellschaftsform dieser Blickwinkel nicht in Betracht gezogen wird.
Seitdem ich vor zwanzig Jahren mit Tierkommunikation begann,
beschäftigt mich das Thema.

Unter „animalzentrisch" verstehe ich, wenn das Tier
a) mit seinem Einfluss auf die Menschen
b) mit seinem Blick auf die Welt im Zentrum des Fokus steht.

Zu a): Tiere wirken auf Menschen ein. Das Wohlbefinden oder eine
Gesundung der Menschen spiegelt die Kraft der Tiere.
Ihr Einfluss auf Menschen ist wirklich beeindruckend. So stellte
Prof. Dr. Renate Ohr von der Universität Göttingen in ihrer umfang-
reichen „Heimtier-Studie" von 2019 fest: „Bei der Befragung nach
den Auswirkungen auf den eigenen gesundheitlichen Zustand geben
68 % der Hundehalter und 61 % der Katzenhalter an, dass der
sich durch ihre Tiere verbessert hat. Noch deutlicher ist die empfun-
dene Wirkung auf die Lebenszufriedenheit: Hier sind es 88 % der
Hundehalter und 83 % der Katzenhalter, die sich durch ihre Tiere
zufriedener fühlen." Prof. Dr. Erhard Olbrich von der Universität
Erlangen fand heraus: „Durch Heimtiere werden in Deutschland
jährlich die Gesundheitskosten bei ihren Haltern um mindestens
zwei Milliarden Euro reduziert." (27)

In einer Studie der Universität Bonn nahmen bei einer Krisensituation wie Krankheit, Arbeitslosigkeit oder Trennung fast zwei Drittel derjenigen, die keine Katze hatten, die Hilfe einer Psychotherapeutin oder eines Psychotherapeuten in Anspruch. Von denen, die eine Katze hatten, niemand. Außerdem nahmen die aus der Katzen-Gruppe deutlich weniger Beruhigungsmittel. (28)

Im Beisein eines Hundes halbierten sich die Schmerzen der Kinder in einer Kinderklinik. Bei chronischen Schmerzpatientinnen und Schmerzpatienten linderte die Anwesenheit eines Hundes im Wartezimmer die Schmerzen der Wartenden stärker als ein typisches Schmerzmittel. Nachdem ein Hund drei Monate lang Alzheimer- und Demenzkranke besucht hatte, wiesen diese Verbesserungen bei Gedächtnisleistungen um 8 % auf, die der Personen in der Kontrollgruppe ohne Hund hatten sich in der gleichen Zeit um 7 % weiter verschlechtert. Neun von zehn Epileptikerinnen und Epileptiker bekamen, seitdem sie mit einem Hund zusammenlebten, durchschnittlich 43 % weniger Anfälle. (29)

Die Neurologin Prof. Dr. Milena Penkowa hat in ihrem Buch „Hund auf Rezept – Warum Hunde gesund für uns sind" neben ihren eigenen Studien viele weitere beeindruckende medizinwissenschaftliche Forschungsergebnisse aus aller Welt zusammengetragen, die die Heilwirkungen für Menschen dokumentieren, die Hunde erreichen können. Berichte von weiteren Studien stehen in der Leseprobe von ihrem Buch bei Amazon sowie bei www.Tierwelt.ch beim Artikel „Bei Krankheit heilt der Hund". Ein Hund ist ein Dogtor. Zu dem, was Meerschweinchen, Kaninchen, Hühner, Katzen, Schweine, Schafe, Esel, Lamas, Kühe und Pferde alles vermögen, findet man sehr viel im Internet zu der jeweiligen Tierart plus dem Stichwort „Therapietier". Mehr zu Katzen steht bei www.Herz-fuer-Tiere.de bei dem Artikel „Bei diesen Krankheiten können Katzen uns helfen".

Zu b): Bei Tierkommunikationen nimmt man sehr oft die animalzentrische Position ein. Dabei sieht man die Welt aus einem anderen Blickwinkel, nämlich aus den der Tiere. Dann empfindet man mit ihren Herzen die Gefühle, die sie zu ihren Artgenossen, zum Wind, zu Menschen und zur Natur haben. Man hört ihren Gedanken über die Welt, über ihre Gefährtinnen und Gefährten und über uns zu. Das ist berührend und faszinierend. Dieser andere Blick wird in den Tierkommunikationsseminaren immer als sehr beeindruckend erlebt. Es ist wie das Eintreten in eine andere Welt.

Wer die Welt der Tiere und ihren Blickwinkel kennenlernen möchte: Fast das gesamte Buch „Tiergeflüster – Tierbewusstsein" von Dawn Baumann-Brunke besteht aus Tierkommunikationsmitschriften mit Löwen, Walen, Insekten, Katzen und anderen Tieren über ihre Sicht auf die Welt. Lamas reden über ihr Gruppenbewusstsein und Delfine über Multidimensionalität.

Beate Seebauer bietet ihrer Hündin Safi und deren Fellfreunden in dem Buch „Tierische Herzenswünsche" eine Plattform für das, was diese Vierbeiner den Menschen gern mitteilen wollen und was sie sich von uns wünschen.

Die „Hundebotschaften, die die Seele berühren – Was dir mein Herz noch sagen wollte" schrieb Susanne Benterbusch mit.

Die Tierkommunikatorin Stephanie Ostendorf lässt in ihrem Sachbuch „Pferdetraining mit allen Sinnen" immer wieder ihre Pferde zu Worte kommen. Die Pferde kommentieren und ergänzen aus ihrer Pferde-sicht das, was Stephanie aus Menschensicht zum Training schreibt.

In „Die Spiritualität der Schafe" von Marie-Louise Schäffler und „Von Hühnern und Menschen – Was Hühner uns schon länger mal sagen wollten" von Tatjana Adams verschaffen die zwei Tierkommunikatorinnen diesen beiden kaum angehörten Tierarten Gehör. Und die Wunderbaren haben viel und sehr Erstaunliches zu berichten!

Zwei unterhaltsame Bücher zu diesem Thema gibt es schon:

„Auf den Hund gekommen" mit Cartoons vom Komiker Loriot

„Der Hund von Welt – Menschen mühelos erziehen". In diesem Buch steht alles dazu, wie man als Hund seine Menschen erfolgreich erzieht, „denn es geht doch nichts über einen wohlerzogenen Menschen, der uns das Abendessen zubereitet, wenn wir nach einem anstrengenden Nachmittag im Park nach Hause kommen." Unter Hunden gilt die Autorin Katharina von der Leyen als sehr gut erzogen.

Vielleicht können wir irgendwann einmal ein Sachbuch von einer Katze lesen zum Thema: „Weshalb und wie Menschen uns Tiere spiegeln" oder ein Buch von einem Hund mit dem Titel: „Wie wir das Spiegelprinzip clever auf unsere Dosenöffner anwenden können – ohne sie dabei zu sehr zu verhundlichen".

Wenn Tiere Menschen spiegeln können, dann können Menschen auch Tiere spiegeln, denn das Spiegelgesetz ist universell und gilt für alle gleichermaßen.

Folgende Fragen kann man sich selbst stellen, um mehr darüber zu erfahren, wie man sein Tier spiegelt:

„In welchem Verhalten spiegele ich mein Tier wider?"

„Was an Positivem von ihm zeigt sich an mir?"

„Was an Disharmonischem von ihm zeigt sich an mir?"

„Was trage ich an Last für sie beziehungsweise für ihn?"

„Was habe ich von meinem Tier übernommen?"

„Welche Veränderungen wünsche ich mir?"

Hier ist Raum für Notizen dazu:

Fünf kleine Beispiele für die Sicht von Tieren auf uns Menschen:

Eine Leitstute teilte auf die Frage, was ihr gefällt, mit, dass sie die Weite ihrer Weide neben ihrem Offenstall und das Gras so lieben würde und auch ihre Herde und ihre beiden Menschen. „Aber am meisten das Gras – das bin ich ganz Pferd."

Meine Hündin meinte einmal zu mir: „Es ist mein Leben. Ich möchte nicht, dass du über alles in meinem Leben bestimmst. Ich bin erwachsen und möchte über mir Wichtiges selber bestimmen."

Ein Halter fragte seinen Hund: „Warum kommst Du jetzt voller Freude zu mir gelaufen, während du vor Jahren auf deinem Sofa liegen geblieben bist, wenn ich kam? Warum hast du dich so verändert?" Die Antwort seines Hundes war: „Nicht ich habe mich verändert, sondern du!"

Eine Frau wollte von ihrem Hund gern mal wissen: „Was denkst du, wenn du meinen Mann beim Frühstücken mit dem großen Ding, also der Zeitung, in seinen Händen siehst?" Der Hund zeigte aus seiner Perspektive, wie sie und ihr Mann sich auf dem Tisch aus verschieden raschelnden Verpackungen und Schachteln Essbares herausholen und auf ihre runden Leckerlis, also auf die Brötchen, legen. Dann greift der Mann zu der großen raschelnden Dingsbums-Verpackung und blättert suchend darin umher. Der Hund meinte dazu: „Ich wundere mich immer, wie lange der braucht, bis er herausgefunden hat, dass darin kein Essen ist!"

Eine reinliche Katze, die sich gern und ausgiebig leckt, meinte in einer Tierkommunikation, dass sie die Menschen merkwürdig findet. „Die putzen sich nie!"

V. Das Anwenden
der Spiegelmethode

Die Spiegelmethode eröffnet die Möglichkeit, innezuhalten, zu hinterfragen, etwas zu ändern, zu wachsen, zu heilen und den inneren Frieden und das gemeinsame Glück zu finden. Mit ihr begibt man sich auf die Suche nach Schätzen, die wie bunte Ostersachen überall im Garten des Lebens versteckt sind.

In diesem Buch sind Lösungsansätze zu den neun Arten des Spiegelns beschrieben, die man für sich oder zusammen mit anderen verwenden kann. Für die Anwendung empfehlen sich zwei Möglichkeiten:
Für ein intuitives Vorgehen blättert man durch das Buch und beginnt mit einer Technik, die einen aus dem Bauch heraus anspricht.
Für eine gezielte Herangehensweise schreibt man die Probleme, die das Tier oder man selbst hat, auf und schaut dann im Buch nach, was dazu infrage käme.

Die Spiegelmethode sollte umsichtig bei sich und seinen Tieren und bei anderen Menschen und deren Tieren eingesetzt werden. Denn da die Spiegelmethode einen sehr großen Spielraum für persönliche Interpretationen beinhaltet, kann man sich auch mal täuschen in seinen Überlegungen. Man übernimmt mit ihrer Anwendung Verantwortung für kostbare Lebewesen, die von uns abhängig sind und für die eine verkehrte Vermutung einen langen Leidensweg bedeuten kann. Am besten, man befragt das Tier partnerschaftlich per Tierkommunikation, was es von den herausgefundenen Annahmen hält und wie es die ganze Sache als der Betroffene selber sieht.

Einige Dorfleute stritten sich auf dem Marktplatz, wie man herausfinden könnte, was die Wahrheit sei. Ein vorbeikommender Mann lud sie für die kommende Nacht ein, die Wahrheit herauszufinden. Sie kamen alle. Als man die eigene Hand nicht mehr vor den Augen erkennen konnte, führte er sie in ein großes Zelt und sagte: „Das, was ihr hier drinnen erfahrt, das ist die Wahrheit." Sie tasteten sich neugierig in das Dunkle hinein. Kaum waren die Einzelnen nach einer Weile wieder aus dem Zelt herausgetreten, stritten sie sich: „Die Wahrheit ist dick und stabil wie Säulen!" – „Nein, sie ist beweglich und weich." – „Ich weiß es wirklich, sie ist sehr groß." – „Was ihr nur erzählt ... Ich habe es selber erlebt, sie ist wie ein Blatt, zart und fest zugleich!" Der Mann zündete ein Licht an und ließ alle sehen, was sie berührt hatten: Einen Elefanten. Mit einem weichen Rüssel, den säulenartigen Beinen, dem großen Leib und den zarten Ohren ...

Man kann gar nicht achtsam genug sein mit Schlussfolgerungen, Meinungen, Diagnosen, Ansichten und Ratschlägen, die man selber gibt beziehungsweise die man von anderen erhält.
Ein guter Prüfstein ist, ob eine Feststellung Angst, Scham und Selbstvorwürfe hervorruft oder Verstehen, Bejahung, Lebendigkeit bringt und in Selbstkompetenz mündet.

Im Buch „Ein Kurs im Wundern" steht die Einladung:

„Wenn du jemandem begegnest, so erinnere dich daran,
dass es eine heilige Begegnung ist.
Wie du ihn siehst, wirst du dich selbst sehen.
Wie du ihn behandelst, wirst du dich selbst behandeln.
Wie du über ihn denkst, wirst du über dich selbst denken.
In ihm wirst du dich selbst finden."

Bücher und Links

Zum Spiegeln zwischen Menschen und Haustieren:
„Das Tier als Spiegel der menschlichen Seele" von der Tierärztin Irmgard Baumgartner und Ruediger Dahlke
„Wenn Tiere ihre Menschen spiegeln" vom Kleintierarzt Rolf Kamphausen und Gisa Genneper
„Mein Tier – Mein Seelengefährte" von Marta Williams
„Wie Hunde ihre Menschen spiegeln" von Karin Müller
„Mein Haustier spiegelt mich – Das Spiegelgesetz" von Christa Kössner

Zum Spiegeln zwischen Menschen und Wildtieren:
www.Engelbibliothek.de bei „Krafttiere"
„Tierisch gut – Wildtiere als Spiegel der Seele" von Regula Meyer

Zum Spiegeln anderer Themen:
„Mein Zuhause spiegelt mich" von Louisa Kranawetter
„Feng Shui gegen das Gerümpel des Alltags" von Karen Kingston
„Wünsch dich schlank" von Pierre Franckh
„Klopf dich reich" von Rainer und Regina Franke
„Die Schicksalsgesetze" von Ruediger Dahlke

Zum Auflösen von Projektionen und Beziehungsproblemen:
Bücher und Videos zu „The Work – Lieben was ist" von Bryon Katie
Bücher und Videos von Louise Hay
„Vier-Seiten-Modell" von F. Schulz von Thun bei Wikipedia
„Gewaltfreie Kommunikation" nach Marshall Rosenberg

Zum Auflösen alter Muster:
„Mein inneres Kind heilen – Ich war schon immer so – Wie Du endlich

alte Glaubenssätze auflöst" von Stefanie Lorenz
Bücher und Videos zu „The Work – Lieben was ist" von Bryon Katie

Zur systemischen Aufstellungsmethode für Tier und Mensch:
„Wenn der Körper Signale gibt – Wege zur Gesundheit durch Familienaufstellungen" von Thomas Schäfer
„Ahnenheilung – Auflösen von uralten Familienprägungen" von Jeanne Ruland und Shantidevi Felgenhauer
„Im Herzen frei – wie Familienaufstellungen helfen, Probleme und Blockaden zu lösen" von Renate Wirth

Zum Hunde- und Pferdeverhalten:
„Der Wolf im Hundepelz" von Günther Bloch
Videobericht über seine Forschungen zu verwilderten Haushunderudeln bei www.Hundetraining-online-dogtale.de unter „Experten" bei „Günther Bloch" bei „Tuscany"
„Hundepsychologie" von Dr. Dorit Feddersen-Petersen
„Positiv bestärken und sanft erziehen" von Karen Pryor
„Hunde sind anders" von Jean Donaldson
„Aus dem Blickwinkel des Pferdes" von Andrea Kutsch
„Handbuch Pferdeverhalten" von Dr. Margit Zeitler-Feicht
„Pferd und Mensch" von Dr. Ursula Pollmann
„Pferdetraining mit allen Sinnen" von Stephanie Ostendorf

Zum tierischen und menschlichen Kollektivbewusstsein:
„Tiergeflüster – Tierbewusstsein" von Dawn Baumann-Brunke
„Die Kraft der Acht" von Lynne McTaggert

Zum Karma, dem Weg der Seele:
„Wege des Schicksals" von Annett Friedrich
www.Palmblattbibliothek.info
„Die zahllosen Leben der Seele" von Brian Weiss,
„Reinkarnation" von Rhea Powers

„Neun Tage Unendlichkeit" von Anke Evertz
„Mama, ich war schon mal erwachsen – Kinder erinnern sich an ihre Leben" von Carol Bowman
Bücher mit dem wissenschaftlichen Nachweis der Reinkarnation:
„Reinkarnationsbeweise" von Dr. Ian Stevenson
„Kinder erinnern sich" von Dr. Jim Tucker
Von den Wanderungen der Seelen von den Tieren:
„Tiere erzählen vom Tod" von Penelope Shmith
„Tierkommunikation" von Iljana Planke
„Wenn Tiere ihren Körper verlassen" Sabine Arndt und Petra Kriegel
„Tierbotschaften aus dem Jenseits" von Karen Anderson

Zu den Kosmischen Gesetzen:
Der Blogartikel bei www.mit-Tieren-kommunizieren.com
„Der Weg zum Reiki-Meister" von Andreas Dahlberg, Seite 50-113

Zum Auflösen von problematischen Ortsqualitäten:
Zum praktischen Loslegen ohne Vorkenntnisse: „Feng Shui gegen das Gerümpel des Alltags" von Karen Kingston
„Feng Shui – Leben und Wohnen in Harmonie" von Günther Sator
„Orte erinnern sich – Häuser, Wohnungen und Plätze von Störungen befreien" von Kristine Alex
„Geomantie für Einsteiger" von Cornelia Wriedt
www.Geomantie-Berlin.de für einen Einblick in die ehrenamtliche Geomantiearbeit seit 1996 für die Stadt Berlin
Zum Erdenwandel: Blogartikel bei www.Hagia-Chora.org

Wie Tiere auf uns Menschen einwirken:
„Heimtierstudie 2014 und 2019" www.Renate-Ohr.de bei „Forschung"
„Psychologie der Mensch-Tier Beziehung" von Dr. Erhard Olbrich
„Auf den Hund gekommen" von Loriot
„Der Hund von Welt – Menschen mühelos erziehen" von Katharina von der Leyen

Die animalzentrische Sicht der Tiere auf die Welt und uns:
„Tierische Herzenswünsche" von Beate Seebauer
„Hundebotschaften, die die Seele berühren – Was dir mein Herz noch sagen wollte" von Susanne Benterbusch
„Von Hühnern und Menschen – Was Hühner uns schon länger mal sagen wollten" von Tatjana Adams
„Die Spiritualität der Schafe" von Marie-Louise Schäffler

Zur Tierkommunikation:
„Sprich mit Deinen Tieren" von Beate Seebauer
„Tierisch gute Gespräche – Lerne mit Tieren zu reden" A. Kinkade
„Tierkommunikation so einfach" von Gudrun Weerashinge
„Gespräche mit Tieren" von Penelope Smith
„Die Sprache der Tiere verstehen" von Sophia Eickelpoth-Rauer
„Lautlose Sprache – Intuitive Kommunikation" von Marta Williams
„Tierkommunikation" von Iljana Planke
„Tierkommunikation mit Pferden" von Ulrike Dietmann
„Tierkommunikation für Kinder" von Tina von der Brüggen
Für Kinder: „Hund, Katze, Maus – wie du mit Tieren sprechen kannst" von Marta Willliams

Quellenverzeichnis

(1) „Die Pferdeflüsterin antwortet" von Andrea Kutsch auf Seite 38

(2), (3), (4): www.MDR.de → „Pferde können sich Gesichter und Gefühle merken" // www.Pferde.de → „Studie zeigt: Pferde können Gesichter erkennen auf Fotos" // www.Cavallo.de → „Über Blicke mit Pferden kommunizieren"

(5) Auf S. 19 der Leseprobe vom Buch „Hund auf Rezept – Warum Hunde gesund für uns sind" von Dr. Milena Penkowa bei www.Amazon.de // www.Tierwelt.ch → „Bei Krankheit heilt der Hund mit" vom 4.4.2016

(6) www.Wikipedia.de → Aufsteigendes retikuläres Aktivierungssystem // Zu den Auswirkungen des ARAS auf unsere persönlichen Ansichten: Pam Grout „E hoch 2" S. 83

(7) www.Kristina-Raschen.com → Buch → Leseprobe // www.MarcelKaffenberger.com → Blog → Unterbewusstsein

(8) www.Dog-Journal.de

(9) www.Compassioner.com → Artikel „Haustier statt Hausarzt" vom 01.10.2016

(10) www.Journal-fuer-Psychologie.de → Jahrgang 21 von 2013, Ausgabe 2 „Die unbewusste Weitergabe von Trauma und Schuldverstrickungen an nachfolgende Generationen" von Angela More // www.Aerzteblatt.de → Archiv → PP von August 2012 → Transgenerationale Traumatisierung den Teufelskreis durchbrechen // www.News.UZH.ch → „Vererbte Traumata" (bei Mäusen) vom 8.11.2018

(11) „Sherlock Holmes", Karl-Müller-Verlag 2009, S. 261

(---) Zitat aus „Ashtanga Hridaya", Kapitel 13, Shloka (Vers) 16

(12) www.Kernkompetenz-Pferd.de → „Über mich"

(13) Zum Teil wird Monty Roberts „Natural Horsemanship" mittlerweile zwiespältig gesehen wird, siehe dazu unter anderem www.

AndreaKutschAkademie.com → „Über mich". Er hat mit seiner Methode damals in seinen Shows viele „Problempferde" vor dem Schlachter bewahrt. Denn für deren Halterinnen und Halter wurde bei den Vorführungen sichtbar, dass sich ihre Pferde nicht mehr problematisch verhielten, wenn man mit ihnen nicht wie üblich strafend und gewaltsam umging.

(14) www.ChWolf.org → Wölfe kennenlernen → Begriff „Alphawolf" // www.NABU.de → Tiere und Pflanzen → Säugetiere → Wolf // www.FreundeskreisWoelfe.de → Wölfe → Europäischer Wolf und Wissenschaft → Wissenschaftliches // www.NABU.de → Wolf → Wissen // Zur Feldforschung: www.Geo.de → „Interview mit Verhaltensforscher Karsten Brensig: Tiere haben Anspruch auf ein sinnvolles Leben" vom 10.10.2018

(15) siehe bei (14) und bei www.Hundetraining-online-dogtale.de → Experten → Günther Bloch

(16) siehe (15) und in den Büchern „Der Wolf im Hundepelz" von Günther Bloch, „Hundepsychologie" von Dr. Dorit Feddersen-Petersen, Barry Eaton „Dominanz", Jean Donaldson „Hunde sind anders" und Karen Pryor „Positiv bestärken und sanft erziehen"

(17) Zitat aus www.AndreaKutschAkademie.com → Bücher → „Aus dem Blickwinkel des Pferdes"

(18) www.Wikipedia.de bei „Heinz Sielmann", „Bernhard Grzimek", „Horst Stern". Übrigens gründeten 1975 Dr. med. vet. Bernhard Grzimek und Horst Stern mit 19 anderen Umweltschützern den BUND, den „Bund für Umwelt und Naturschutz Deutschland". // Bei www.Wikipedia.de zu „Tierschutzgesetz" zu 1972 und zur Historie

(19) www.Dogsdoors.de → „Der Schnauzgriff" // www.Teckel-on-tour.de → Themen → Schnauzengriff // Die Voraussetzungen für die Zertifizierung als Hundetrainer/-in: Im Tierschutzgesetz § 11 Abs. 1 Nr. 8f TschG → www.Gesetze-im-Internet.de → Das Tierschutzgesetz und bei: www.Dogcoach-Institut.de → Ausbildungen → Fragen / Antworten zu § 11 → „e) Ausbildung und Training" sowie bei: www.Berlin.de → Suche → Hundegesetz SK Prüfung // Für eine Erlaubnis

für das Trainieren von Pferden siehe: www.Tierschutz-TVT.de →
Aktuelles → Alle Merkblätter und Stellungnahmen

(20) www.BMEL.de → Presseinformation zur Änderung der
Tierschutzhunde-Verordnung vom 17.8.2020

(21) www. AndreaKutschAkademie.com → Aus dem Blickwinkel
des Pferdes → Beitrag von Ch. Hartmann vom 12. April 2020

(22) www.Albert-Schweitzer-Stiftung.de → Aktuelles → „Deutsche
wollen weniger Fleisch und mehr Tierschutz" vom 18.1.2019

(23) www.FR.de (Frankfurter Rundschau) → „2020 und 2010
– Was zehn Jahre so verändern" vom 30.8.2020 // Wikipedia →
Fleischkonsum in Deutschland // www.Proveg.com → „Anzahl der
vegan und vegetarischen lebenden Menschen"

(24) www.Proveg.com → Aus dem Newsletter vom 13.10.19:
„Veganes probieren" // www.Presseportal.de → „Täglich Fleisch?
Von wegen!" vom 26.5.2020 // Wikipedia → „Fleischkonsum in
Deutschland

(25) www.Wikipedia.de → Japanische Küche // www.Sein.de →
Suche → „Vegetarismus in den Weltreligionen, Gewaltfreiheit" vom
27.4.2016 // Zu Buddha und seiner Sicht auf Tiere als Gleichwertige:
www.Swiss.Veg.ch → Tiere → „Buddhismus" u. a. Religionen //
wwwDocplayer.org → „Mahayanische Ansichten zu Buddhismus
und Tieren"

(26) www.Wikipedia.de → „Vegetarismus" bei „Indien" // Auch (23)

(27) www.Renate-Ohr.de unter „Forschung" „Heimtierstudie
2014 und 2019" S. 39-69. Dort auf Seite 42-44 wurden sogar drei
Milliarden Euro Ersparnis ausgerechnet. // „Psychologie der Mensch-
Tier Beziehung" von Dr. Erhard Olbrich, dort S. 2 und 42-47.
Dr. Olbrich hat wissenschaftlich und praktisch für den Einsatz von
Tieren in der Therapie gewirkt, siehe www.Lernen-mit-Tieren.de →
„Die Zeitschrift zur tiergestützten Intervention"

(28) www.Herz-fuer-Tiere.de → „Bei diesen Krankheiten können
Katzen uns helfen"

(29) www.Tierwelt.ch → „Bei Krankheit heilt der Hund mit"

Ich wünsche Dir
Fülle, Glück und Segen
in Deinem Leben.

Iljana

Für Informationen

~ zu meinen anderen Büchern und E-Books

~ zu meinen Seminaren in Deutschland

~ zu meinen Buchlesungen und Aktionen

~ und Gratis-Angeboten:

www.Reiki-fuer-Tiere.info

und

www.Mit-Tieren-kommunizieren.com